소통한다는 것

소통한다는 것

THE ART OF CONNECTION

백선엽 지음

사람in
saram in
인공지능

말은 어떻게 마음이 되는가

아이가 태어나 처음 듣는 말은 '사랑해'다. 아직 말의 의미를 이해하지 못하는 아이에게 부모는 따뜻한 음성에 안전함과 사랑의 감정을 담아 전달한다. 무언가를 기억조차 하지 못할 때에 말은 이미 우리의 마음속에 뿌리를 내린다. 인간이 경험하는 소통의 시작이다.

"네가 그렇게 말해서 기분이 나빴어", "그 말 한마디가 나를 살렸어", "그 사람이 했던 말이 아직도 잊히지 않아".

우리는 일상에서 이런 표현들을 자주 사용한다. 이 말들이 의미하는 바는 무엇인가? 말은 공기 중에 잠시 머물다 사라지는 소리의 파동이지만, 그 파동이 만들어 내는 울림은 마음에 오랫동안 남는다. 언어는 정보를 전달하는 수단을 넘어 우리의 감정과 기억, 내면세계를 형성하는 강력한 도구다.

왜 같은 말에 누구는 상처를 받고 누구는 위로를 받는가? 왜 대화는 우리를 깊이 연결시키기도 하고 우리 사이에 장벽을 세우기도 하는가? 말은 문자적 의미를 초월해 관계의 맥락에서 새로운 의미를 만들어 내기 때문이다.

소통의 본질은 정보 전달이 아니다. 진정한 소통은 서로의 마음이 만나는 경험이다. 우리가 말을 통해 전달하고자 하는 것은 사실이나 생각뿐 아니라 내 마음의 풍경이다. "오늘 날씨가 좋네"라는 평범한 말도 어떻게 하느냐에 따라 '당신과 이 순간을 나누고 싶다'는 진심을 담을 수 있다. 진심으로 전한 말을 진심으로 귀 기울여 들을 때 우리는 비로소 연결된다.

말이 마음이 되는 과정을 이해해야 더 나은 소통을 위한 발걸음을 뗄 수 있다. 어떤 말을 선택하느냐, 어떤 태도로 그 말을 전하느냐, 그리고 어떻게 상대의 말을 듣고 해석하느냐에 따라 관계의 질이 결정된다. 소통은 기술이 아니라 우리가 세상과 관계 맺는 본질적인 방식이다.

이 책에서 우리는 말이 마음이 되는 과정과 그 가운데 발생하는 다양한 현상을 탐구할 것이다. 어떻게 상처가 생기고, 어떻게 감정이 소통을 방해하며, 왜 듣는 것이 중요하고, 어째서 때로는 침묵이 강력한 메시지가 되는지 살펴볼 것이다. 또한 마음을 움직이는 말의 메커니즘, 관계의 붕괴와 재건, 그리고 변화하는 세계에서의 새로운 소통 방식 또한 다룰 것이다.

이 여정의 목표는 그저 더 효과적인 소통법을 습득하는 것이 아니다. 말을 통해 어떻게 서로의 마음에 닿을 수 있는지, 어떻게 해야 더 깊고 의미 있는 관계를 형성할 수 있는지 이해하는 것이다. 궁극적으로는 말이 삶에 어떤 의미를 가지는지 알아볼 것이다.

말은 어떻게 마음이 되는가? 이 질문에 답을 찾는 과정은 인간 경험의 본질에 대한 탐구이기도 하다. 우리는 말을 통해 서로의 내면세계에 접근하고, 이해를 공유하고, 의미를 창조하며, 깊은 연결을 경험한다. 이는 인간 존재의 본질적인 측면 중 하나다.

모든 위대한 변화는 대화에서 시작한다. 당신의 말이 어떤 마음을 만들어 가고 있는지, 그리고 당신은 어떤 마음을 만들어 가고 싶은지 함께 생각해 보자.

태국 방콕에서
백선엽

차례

1장

상처는 어디에서
비롯되는가

우리는 '말'이 아니라
'나'를 전달한다

진정한 소통은 상대방의 세계를 그 사람의 눈으로 바라보려는 진지한 시도에서 시작한다.

Real communication occurs when we listen with understanding when we stand in the other person's shoes.

– **칼 로저스**Carl Rogers

단순해 보이는 말에 담긴 뜻

우리는 매일 말을 한다. 아침에 "잘 잤어?"라고 묻고, 점심이 되면 "뭐 먹을래?"라고 질문하며, 저녁에는 "오늘 하루 어땠어?"라고 말한다. 이런 대화는 의례적 표현 이상의 의미를 지닌다. 우리는 이런 말로 정보를 주고받을 뿐만 아니라 서로의 존재를 확인하고, 관계를 유지하며, 감정을 공유한다.

철학자 루트비히 비트겐슈타인Ludwig Wittgenstein은 "언어의 한계가 곧 내 세계의 한계"라고 말했다. 언어가 우리의 사고를 규정하고, 감정을 표현하는 방식 또한 언어에 의해 결정된다는 의미다. 이러한 언어의 한계 속에서도 우리는 '말 이상의 것'을 전달하려 노력한다. 바로 우리의 존재, 즉 '나'다. 의사소통의 근본적인 문제는 여기서 생긴다. 자기 말에 담긴 '나'를 타인이 알아주길 원하면서도, 정작 자신은 상대의 말에 담긴 감정에 공감하지 않는다.

하루를 마치고 집에 왔는데 아내나 남편이 "오늘 너무 피곤해"라고 말했다고 해보자.

이 말의 표면적인 의미는 단순하다. 그 사람이 피곤하다는 사실. 하지만 그 속에 담긴 진짜 뜻은 무엇일까? '내가 얼마나 힘들었는지 알아줬으면 좋겠어', '위로가 필요해' 같은 메시지였을 가능성이 크다. 하지만 우리는 그 깊은 의미를 놓치고는 한다.

감정은 미묘하고 복합적이다. 이러한 감정들이 일상 대화 속에서 다양한 형태로 표현되고 혼합되면서, 소통은 복잡한 양상을 띠게 된다.

소통은 '방법'이 아니라 '태도'

진정한 소통은 상대를 내 세계로 끌어들이기보다는 그들의 세계로 들어가려는 노력에서 시작한다. 문제는 우리가 대화를 이기려고 하는 것으로 착각한다는 점이다. 하지만 대화에서 진정한 승리의 순간이 있다면, 그 순간은 상대를 논리적으로 제압

하는 때가 아니라, 상대가 이해받고 있다고 느끼는 때다.

UCLA University of California, Los Angeles의 매튜 리버먼Matthew D. Lieberman 교수는 『사회적 뇌 인류 성공의 비밀Social』(시공사, 2015)이라는 책에서 흥미로운 사실을 밝혀냈다. 사람은 사회적으로 거절당할 때, 몸이 아플 때와 같은 뇌 부위가 활성화된다는 것이다. 그의 fMRI 뇌 스캔 연구에 따르면, 사회적으로 배제될 때 반응하는 '전대상회'와 '섬엽'이라는 부분은 신체적 고통을 느낄 때도 똑같이 반응한다. 이 결과는 인간의 뇌가 사회적 관계를 단순한 감정이 아니라 생존에 가까운 요소로 여긴다는 것을 보여 준다. 우리가 누군가를 비판하거나 무시한다면 그 사람은 말 그대로 '상처를 입은 것처럼' 느낄 수 있다. 아무리 논리적으로 옳은 말을 했다고 한들, 상대는 상처를 받고 관계는 틀어질 테니 그 대화는 결국 실패한 셈이다.

반대로, 공감과 이해를 기반으로 한 대화는 옥시토신을 분비시켜 신뢰와 유대감을 강화한다. 이러한 연구 결과는 상대방을 존중하는 대화가 인간의 본능적인 생존 메커니즘이며, 우리가 타인과 관계를 맺는 가장 근본적인 방식임을 시사한다. 들으려고 대화하는가, 반박하려고 대화하는가? 이 작은 차이가 관계를 결정짓는다. 논리로 누군가를 설득할 수 있을지는 몰라도, 그와 '연결'되기 위해서는 감정이 필요하다.

철학자 마르틴 부버Martin Buber는 인간관계를 '나-너I-Thou'와 '나-그것I-It'으로 구분했다. '나-그것'의 관계에서는 상대를 객체로 대하며, 표면적인 정보만 주고받는다. 반면 '나-너'의 관계에서는 상대를 온전한 존재로 인정하고, 그 내면의 감정까지 받아들인다. 하지만 현실에서 우리는 얼마나 자주 '나-너'의 방식으로 대화하고 있을까?

내 생각과 의견을 상대에게 강요해서는 진정한 소통을 이룰 수 없다. 진정한 소통은 서로의 감정을 공유하고 존재를 확인함으로써 이루어진다. 그렇게 우리는 대화를 나누면서 관계를 형성하고 서로에게 영향을 미친다.

상대의 말이 아니라 그 말을 하는 '사람'을 들으라. 상대의 존재를 알아주고 그 존재가 전하는 메시지를 온전히 받아들일 때, 비로소 진정한 소통의 기쁨을 경험하게 된다. 우리가 추구해야 할 대화의 궁극적인 모습이다.

왜 내 말을
이해 못 하지?

사람들은 당신이 한 말을 잊고 당신이 한 행동도 잊지만, 당신이 어떤 감정을 느끼게 했는지는 결코 잊지 않는다.
People will forget what you said, people will forget what you did, but people will never forget how you made them feel.

— **마야 안젤루**Maya Angelou

논리적으로 말하면 설득될 것이라는 오해

우리는 논리적으로 설명하고 설득력 있게 이야기하면 상대가 이해할 것이라 믿는다. 하지만 현실은 그렇지 않다. 명확하게 설명했는데도 자꾸 오해를 사고, 전혀 그런 의도가 아니었는데 상대가 불쾌해하는 경험을 해본 적이 있는가? 그렇다면 문제는 말의 내용이 아니라 그것이 전달되는 방식 또는 상대가 내 말을 해석하는 방식에 있었을 가능성이 크다.

소통은 말을 하는 것에서 끝나지 않고 상대가 나의 말을 해석하고 받아들임으로써 완성되는 과정이다. 미국의 인류학자이자 커뮤니케이션 전문가 에드워드 홀Edward T. Hall은 문화에 따라 소통 방식이 달라진다고 설명했다. 예를 들어 한국과 같은 고맥락 문화high-context culture에서는 말 자체보다 분위기와 관계가 중요하며, 많은 정보가 암묵적으로 전달된다. 즉, "괜찮아요"라는 말이 실제로는 괜찮지 않고 더 말하고 싶지도 않다는 의미일 수 있다. 반면 미국과 같은 저맥락 문화low-context culture에서는 명확한 언어적 표현이 중요하고 말 그대로의 의미를 중시한다. 미국의 언어학자이자 조지타운 대학교Georgetown University 교수인 데버라 태넌Deborah Tannen은 남성과 여성의 대화 방식을 연구하면서, 여성은 공감과 이해를 원하지만 남성은 해결책을 제시하려는 경향이 있다고 밝혔다. 이러한 차이는 문화나 성별뿐 아니라 개인 간에도 존재하며, 대화에서도 그대로 나타난다.

우리는 각자의 '해석 필터'를 가지고 있다. 정신과 의사이자 심리학자 존 볼비John Bowlby는 『존 볼비의 안전 기지A Secure Base』(학지사, 2014)에서 "우리의 초기 관계 경험이 이후의 모든 관계에 대한 해석 틀을 형성한다"고 설명했다. 즉, 어린 시절의 경험은 세상을 바라보는 방식에 깊은 영향을 미치며 성인이 되어서도 지속된다는 것이다. 어릴 때부터 반복적으로 비판을 받으며 자란 사람은 성인이 되어서도 중립적인 피드백을 비판으로 받아들일 가능성이 높다. 직장에서 상사가 "이 부분을 조금 수정하면 더 좋을 것 같아"라고 말했을 때, 어떤 사람은 이를 단순한 조언으로 받아들이지만 과거에 부정적인 경험이 많았던 사람은

'내가 또 실수했구나'라며 위축될 수 있다.

　　말의 의미는 사용하는 단어뿐만 아니라 목소리 톤, 표정, 몸짓 등 다양한 요소로 결정된다. 연구에 따르면 대화를 이해하는 데 단어가 차지하는 비중은 일부에 불과하며, 비언어적 표현이 훨씬 중요한 역할을 한다고 한다. 미국의 심리학자이자 UCLA 명예 교수인 앨버트 머레이비언Albert Mehrabian은 감정이나 태도를 전달할 때 단어는 7%, 목소리 톤은 38%, 비언어적 표현은 55%의 영향력을 갖는다는 연구 결과를 발표했다. 물론 이 비율이 모든 상황에 똑같이 적용되는 것은 아니지만, 왜 우리가 그렇게나 자주 서로의 말을 오해하는가에 대한 이해의 단초가 되어 준다. "오늘 저녁 뭐 먹을까?"라는 단순한 질문이 상대방에게는 "요리 안 했어?"라는 비난으로 들릴 수도 있다. 말의 의미는 단어 자체가 아니라 목소리, 표정, 몸짓, 맥락 등 다양한 요소에 따라 결정되기 때문이다.

　　진정한 소통은 내 입장을 강요하면서가 아니라, 상대의 반응을 보고 표현 방식을 조정하며 시작한다. 소통의 본질은 단순한 정보 전달이나 이해를 넘어 서로 관점이 다름을 인정하고 공통의 이해 지점을 찾는 것이다. 내 생각을 관철시키려 들지 않고 서로의 다름을 존중할 때 우리는 함께 성장할 수 있다.

　　소통에서 중요한 것은 말을 얼마나 논리적으로 하느냐가 아니라 '상대가 어떻게 이해하는가'다. 진정한 소통은 상대의 반응을 살피고, 감정을 읽으며, 맥락을 고려하면서 시작한다.

오해를 줄이려면 어떻게 해야 할까?

더 나은 소통을 위해 실천할 수 있는 몇 가지 방법이 있다.

먼저, 의도를 명확하게 표현하려고 노력해야 한다. 단순한 질문이라도 맥락과 감정을 포함하여 전달하면 오해의 여지를 줄일 수 있다. 예를 들어, "너는 왜 항상 이렇게 늦게 일어나니?" 대신 "요즘 피곤해 보이는데 괜찮아? 일찍 자면 덜 피곤할 수도 있을 것 같아"라고 말하면 듣는 이가 부정적으로 받아들일 가능성이 줄어든다.

또한 적극적인 경청을 해야 한다. 단순히 듣는 것을 넘어 상대의 말에 온전히 집중하고 이해하고자 노력하는 것이다. 오해를 줄이기 위해 "내 말이 어떻게 들렸어?"라거나, "내 의도는 이런 거였는데, 혹시 다르게 느꼈니?"라고 물으며 상대의 해석을 확인하는 습관도 도움이 된다. 상대방이 말을 한 의도 또한 고려해 보면 좋다. 자동적이고 감정적인 반응을 보이기보다는 '정말 나를 비난하려고 이 말을 한 걸까?'라고 한 번 더 생각해 보는 습관을 갖는 것이다. 상대가 어떤 감정을 가지고 있는지, 어떤 맥락에서 이야기하는지를 이해하려고 노력하면 대화는 한결 원활해진다.

또한 소통은 일방적인 과정이 아니라 상호 작용이기 때문에 자신의 말이 상대에게 어떤 영향을 미칠지를 고려해야 한다. 특히 감정적으로 예민한 주제를 다룰 때는 '이 말이 어떻게 들릴까?'라고 자문해 보자. 자신의 의도를 명확히 전달하고, 상대의 상황과 감정 상태를 고려하여 말하는 연습을 대화 전에 해보면 좋다. 말의 내용만큼이나 어떻게 말하는지도 중요하므로 목소리 톤, 표정, 자세 등 비언어적 표현에 주의를 기울이고 이를 의식적으로 활용하는 것 또한 도움이 된다.

마지막으로, 중요한 대화는 가능하면 직접 만나서 하는 것이 바람직하며, 텍스트 메시지나 이메일로 대화할 때는 말의 의도를 더 명확하고 분명하게 표현해야 한다.

소통은 설득의 기술이 아니라 이해의 태도다. 노엄 촘스키 Noam Chomsky가 강조했듯 언어는 단순한 도구가 아니라 사고하고 관계를 맺는 방식 자체다. 어떻게 말할 것인가보다 상대의 말을 어떻게 들을 것인가를 고민할 때, 비로소 소통은 단절이 아니라 연결의 시작이 된다. '나는 제대로 말했는데 왜 이해를 못하지?'라고 생각하는 대신 '어떻게 하면 우리의 소통이 더 나아질 수 있을까?'라고 질문할 때 진정한 대화의 문이 열린다.

소통은 목적지가 아니라 여정이다. 완벽히 도달할 수 있는 곳이라기보다는 서로를 향해 한 걸음씩 다가가는 끊임없는 노력이다. 우리는 말한다. 그리고 듣는다. 그 과정에서 완벽한 말을 추구하지 말고 서로를 진심으로 이해할 수 있도록 노력해 보자. 그때 비로소 말이 아닌 마음으로 소통하게 되므로.

신뢰받는 사람이
되기 위하여

> 진짜 대화를 나누고 나면, 기존의 '나'는 온전히 남지 않는다. 나와 다른 무언가와 진정으로 마주할 때, 내가 시작할 때와 똑같은 모습으로 끝나는 일은 결코 없다.
>
> There is no self that will survive a real conversation. There's no self that will survive a real meeting with something other than itself.
>
> – 데이비드 화이트David Whyte

'시간'이 아니라 '깊이'가 신뢰를 만든다

2019년, 내가 베트남 달랏에서 만난 한 디자인 스튜디오 대표는 비즈니스 파트너들과 회의를 시작하기 전에 그들이 가장 좋아하는 음식과 그 이유를 물었다. 한 달 후, 그녀는 파트너들에게 다시 질문을 던졌다. "지난번에 이야기하셨던 할머니의 김치찌개 레시피, 혹시 직접 배워 보셨나요?"

기억력을 과시하려 한 것이 아니다. 그 대표는 사람들에게 자신이 말을 '진정으로' 듣는다는 인상과 더불어 깊은 신뢰를 주고자 했던 것이다. 내가 '신뢰의 수직적 확장'이라고 부르는 개념이 있다. 신뢰는 단순히 함께 보낸 시간이 아니라 서로의 내면을 얼마나 깊이 들여다보았는지에 의해 결정된다는 뜻이다. 흔히들 신뢰는 시간이 지나면서 쌓인다고 생각하지만, 이는 반쪽짜리 진실일 뿐이다. 물론 장기적인 관계는 신뢰 형성에 도움이 된다. 하지만 그것만으로는 충분하지 않다. 신뢰는 시간이 아닌 경험의 깊이로 형성된다.

2018년 하버드 대학교Harvard University의 사회 심리학 연구팀이 발표한 '관계 깊이의 역학' 연구에 따르면, "장기적 관계에서도 대화의 깊이가 부족하면 신뢰는 정체되거나 오히려 감소할 수 있다". 얼마나 알았는지가 아니라, 얼마나 의미 있는 대화를 나누었는지가 신뢰 형성의 핵심이라는 뜻이다. 같은 이야기만 반복하는 관계는 오랜 시간 함께해도 더 깊어지지 않는다. 반면, 서로의 감정을 탐구하는 질문 하나만으로도 관계는 단숨에 깊어질 수 있다.

펜실베이니아 대학교University of Pennsylvania의 인지 심리학 연구팀이 2020년 발표한 연구 또한 신뢰는 '시간'이 아닌 '경험의 깊이'에 달렸다고 설명한다. 이 연구에 따르면, 사람들은 단 30분간 심도 있는 대화를 나눈 낯선 이에게 수년간 알고 지낸 사람보다 더 높은 신뢰도를 보였다. 이는 신뢰의 형성이 시간이 아니라 대화의 질로 좌우된다는 사실을 증명한다.

신뢰를 만드는 다양한 요소

왜 사람들은 서로의 말을 믿지 않을까? 그 이유는 복합적이지만, 가장 중요한 요소는 '공감적 경청'의 부재다. 심리학자 칼 로저스Carl Rogers는 "대부분의 사람은 이해받기를 원하지만, 정작 상대를 이해하려는 노력은 부족하다"고 지적한다. 우리는 타인이 자신의 말을 믿어 주길 원하면서도, 정작 상대의 말에는 그러지 않는 모순에 빠지곤 한다.

공감적 경청이란 단순히 상대의 말을 듣는 것에서 그치지 않고 그 말에 담긴 감정과 맥락을 이해하려는 태도다. 이는 상대방을 존중하는 마음가짐에서 비롯된다. 캐나다 토론토 대학교 University of Toronto의 심리학 연구에 따르면, 사람들은 자신의 이야기를 진심으로 들어 주는 사람에게 더 높은 신뢰를 보이며, 그들의 말 또한 더 쉽게 받아들인다고 한다.

한편, 대인 관계 연구자 브레네 브라운Brené Brown은 "관계의 깊이는 공유한 취약성의 깊이와 비례한다"고 말한다. 신뢰는 자신의 취약점을 공유하고 서로에게 솔직해질 때 일어난다는 것이다. 우리는 종종 타인에게 자신의 단점을 감추려 하지만, 이런 태도로는 신뢰를 줄 수 없다.

심리학자 제임스 페너베이커James Pennebaker 또한 자신의 취약점을 공유하는 행위가 상대방으로 하여금 더 높은 신뢰감을 갖게 한다는 사실을 밝혀냈다. "나도 잘 모르겠어"라고 솔직하게 인정하는 순간, 상대는 오히려 당신의 말을 더 믿게 된다는 역설이다.

구글의 '아리스토텔레스 프로젝트Project Aristotle'는 팀의 성공을 결정짓는 가장 중요한 요소가 '심리적 안전감psychological safety'이라고 발표했다. 자신의 생각과 감정을 자유롭게 표현할 수 있는 환경이 신뢰를 더해 더욱 효율적으로 일할 수 있도록 한다는 것이다. 우리가 한 말을 상대가 믿지 못하는 이유는 심리적으로 안전하다고 느끼지 못해서일 수도 있다. 비판이나 판단의 대상이라는 두려움 없이 자신의 생각을 표현할 수 있을 때, 비로소 사람들은 마음을 연다.

일상에서 신뢰의 수직적 확장을 실천하는 방법은 생각보다 간단하다.

- "네 말에 상처받았어"라고 솔직하게 표현하기
- "이 부분이 이해가 잘 안 돼"라고 인정하기
- "그때 어떤 기분이 들었나요?"처럼 감정을 탐색하는 질문하기
- 상대방의 이야기를 기억하고 나중에 다시 물어보기
- 상대의 말에 전적으로 집중하고 판단을 유보하기
- 자신의 실수나 약점을 솔직하게 인정하기
- 상대의 의견에 동의하지 않더라도 그 관점을 존중한다는 것을 보여 주기

결국 신뢰는 피상적인 정보 교환을 넘어 그 말이 담고 있는 감정과 의미를 이해하고 기억할 때 생겨난다. 우리는 너무 자주 형식적으로 "알겠다"라고 답하고, 상대방의 말이 우리 안에 진정으로 울려 퍼지게 하는 데에는 소홀하다.

데이비드 화이트의 말처럼 진정한 대화는 우리를 변화시킨다. 내가 한 말이 단순히 공기 중으로 사라지지 않고 상대방의 생각과 감정을 흔들어 놓을 때, 우리는 비로소 연결을 경험하게 된다. 진정한 신뢰는 바로 그 지점에서 피어난다.

상호 작용이 의미를 만든다

우리가 공유하는 것은 단어가 아니라, 그 단어들이 만들어 내는 의미다.

What we share is not the words, but the meaning they create.

— T. S. 엘리엇T. S. Eliot

수천 마디 말을 넘어서는 사소한 순간

미국에서 처음 맞이한 추수감사절, 기숙사에는 정적만이 감돌았다. 복도는 텅 비었고, 임시 운영 중이어서인지 식당 음식은 부실했다. 사람도 거의 보이지 않았다. 캠퍼스 전체가 일시 정지 버튼을 누른 것처럼 고요했다. 추수감사절은 미국인들에게 단순한 명절이 아니라 1년 중 가장 중요한 시간이다. 친구 대부분이 며칠 전부터 가족을 만나러 갔고, 몇 명이 남아 있을 뿐이었다. 나는 갈 곳이 없었다. 조용히 기숙사 식당으로 발걸음을 옮겨 칠면조 고기 몇 조각과 으깬 감자를 접시에 담아 텅 빈 테이블에서 혼자 먹는데, 누군가가 쟁반을 들고 내 앞에 다가왔다.

"여기 앉아도 돼?"

고개를 들자 같은 수업을 듣던 미국인 학생 에밀리가 서 있었다. 자주 마주치진 않았지만 낯설지는 않은 얼굴이었다. 나는 반가움과 어색함이 뒤섞인 미소로 고개를 끄덕였다. "다들 집에 간 줄 알았는데……"라는 내 말에 에밀리는 조심스럽게 웃으며 답했다. "가고 싶었는데 사정이 좀 있어서……. 너도 안 갔네? 너희 가족은 한국에 있지?" 그 말에 나는 "응, 좀 외롭기는 하네"라고 짧게 말했다. 그 순간, 그녀는 가방에서 작은 통을 꺼내 보이며 말했다. "이거, 엄마가 만든 크랜베리 소스야. 올해는 내가 못 가니까 보내 주셨어. 같이 먹을래?" 예상치 못한 그 한마디, 그리고 크랜베리 소스 한 스푼에 나는 울컥했다. 그녀는 단순히 음식을 나눈 것이 아니라 내 고립감을 '보았고', 그것에 '응답'했고, 그 순간을 '경험'으로 바꿔 준 것이다. 그날 밤에 나는 깊이 깨달았다. 소통이란 누군가에게 설명하는 행위가 아니라, 그 자리에 함께 머물고 반응하는 일임을. 무슨 말을 하는가가 아니라 어떤 공기를 함께 나누는가의 문제였던 것이다. 그날의 크랜베리 소스는 어떤 말보다 깊은 대화였고, 지금도 누군가와 진심으로 연결되고 싶을 때마다 그 저녁을 떠올린다.

우리는 '소통'이라고 하면 기술적인 표현 방식을 먼저 떠올린다. 하지만 진정한 소통은 말을 하기 훨씬 이전부터 시작되는 경우가 많다. 스치듯 눈빛이 머무는 찰나, 함께하는 침묵의 시간, 주저하는 손짓, 이런 사소하고 미묘한 감각들이 수천 마디 말보다 더 많은 것을 전한다. 심리학자 수전 골딘메도Susan Goldin-Meadow는 비언어적 표현이야말로 우리가 가장 본능적으로 생각을 전달하는 방식이라고 말한다. 언어를 배우기도 전부터 우리는 이미 몸짓과 표정으로 세상과 교감하고 있다는 것이다. 잠깐의 눈빛, 한숨 한 번만으로도 위로받는 이유가 여기에 있다.

질문하는 사람 vs. 잠자코 듣기만 하는 사람

한 사회 심리학 실험에서 참가자들을 두 그룹으로 나눠 한쪽은 연사에게 자유롭게 질문할 수 있게 하고 다른 쪽은 그저 듣기만 하게 했다. 그런 뒤 그들에게 연사가 무슨 말을 했는지를 물었다. 어떤 일이 일어났을까? 결과는 명확했다. 질문을 할 수 있었던 그룹이 내용을 두 배 이상 더 잘 기억했다. 내가 말을 들었는가보다, 그 말에 어떻게 반응했는가가 더 깊은 기억을 만든 것이다. 단순히 듣기만 한 말은 귀를 스쳐 지나가지만, 반응하고 공감하며 대답한 순간부터 그 말은 내 경험의 일부가 된다.

이런 현상은 우리 일상에서도 쉽게 발견할 수 있다. 직장에서의 회의를 떠올려 보자. 주절주절 늘어놓는 상사의 말보다, "이건 어떻게 생각하세요?"라는 동료의 짧은 질문 하나가 더 오래 마음에 남는다. 왜일까? 그 질문에서 '들었다'는 느낌이 아니라 '내가 존재하고 있다'는 감각을 받기 때문이다. 쉼 없이 이어지는 발표는 그저 머리를 스쳐 가지만, 누군가가 문득 "이 부분, 혹시 다른 의견 있으신가요?", "대리님은 어떻게 느꼈어요?"라고 말하는 순간 공기의 결이 바뀐다. 그 짧은 문장은 '나는 지금 당신을 보고 있어요'라는 조용한 신호다. 질문을 받은 사람은 그 순간 청중이 아닌 대화의 일부가 된다.

경험 기반 소통에는 중요한 3가지 구조가 있다. 첫째, 리듬. 반응의 타이밍이 곧 대화의 감도다. 지나치게 빠르면 몰입이 깨지고, 너무 늦으면 관심이 식는다. 리듬은 곧 감정의 언어다. 둘째, 공간의 공유. 같은 화면, 같은 노래, 같은 장면을 함께 경험할 때 우리는 놀랄 만큼 깊이 동기화된다. 이때 우리는 공감을 넘어서서 동화의 단계로 나아간다. 셋째, 의미의 공동 창조. 좋은 소통은 내가 일방적으로 설명하는 것이 아니라 우리가 함께 만들어 나가는 것이다.

공동 경험이 대화의 본질

그러나 이런 이론보다도, 우리가 말할 때 어떤 단어를 고를지보다도, 상대의 마음에 어떤 경험을 남기는지가 더 중요하다. 좋은 대화란 내 말을 남기는 일이 아니라 우리의 경험을 새기는 과정이며, 그렇게 남겨진 경험은 관계를 변화시키고 세상을 조금 더 따뜻하게 만든다. 진정으로 세상을 바꾸는 소통은 화려한 언변을 가진 사람이 아니라 서툴더라도 진심으로 반응하는 사람에게서 비롯된다. 그러니 누군가와 마주하는 순간을 둘이 같이 하나의 세계를 함께 만들어 가는 시간으로 여기자.

우리는 서로를 알아보고 응답하는 관계 속에서 존재를 확인받는다. 내가 보이는지, 내 목소리가 들리는지를 확인받고 싶어 하는 본능을 갖고 있고, 그렇기에 가장 강력한 소통은 거창한 언어나 복잡한 논리가 아니라 '나는 당신을 보고 있어요'라는 단순한 메시지 속에서 시작된다. 언어나 표현력이 부족해도 괜찮다. 소통의 진짜 힘은 말의 내용이 아니라, 그 순간 함께 만들어낸 경험의 진실성에 있다. 그리고 그렇게 쌓인 시간이 우리 사회의 질감을 조금씩 바꾸어 나간다. 이것이야말로 소통의 본질이며, 인간관계의 가장 깊은 토대다.

소통은 '설득'이 아니라
'연결'이다

사람들은 당신이 얼마나 많이 알고 있는지 신경 쓰지 않는다. 그들은 당신이 얼마나 많이 관심을 갖는지에 신경 쓴다.

People don't care how much you know until they know how much you care.

— **시어도어 루스벨트**Theodore Roosevelt

대화를 했는데 어째서 더 멀어질까?

베트남 호치민의 작은 카페에서 현지 여행 가이드 '항'과 함께 오래된 프랑스 식민지 건물을 배경으로 커피를 마시며 앉아 있던 어느 날, 베트남 전쟁 이야기가 나오자 나는 무심결에 서구의 시각으로 그 전쟁에 대해 이야기했다. 그런데 항은 말없이 커피잔을 내려놓고 창밖을 바라보았다. 정적이 흘렀고, 무언가 잘못했음을 느껴 조심스럽게 물었다. "내가 뭔가 불편한 말을 했나요?" 그러자 그녀는 천천히 고개를 저으며 말했다. "때로는 누가 옳은지 결정할 필요가 없어요. 단지 우리가 왜 다르게 보는지 이해하면 돼요." 그 순간 내가 대화가 아니라 설득을 하고 있었다는 사실을 깨달았다. 일본 교토의 한 다도회에서도 이와 비슷한 경험이 있었다. 나는 왜 그런 방식으로 차를 따라야 하느냐고 물었고, 다도 선생님은 그저 미소를 지으며 이렇게 말했다. "이유를 찾기 전에, 먼저 경험해 보세요. 느낌이 이해보다 먼저 올 때가 있습니다." 그 선생님은 설명을 통해 설득하지 않았다. 동일한 경험을 통한 자연스러운 연결을 만들고자 했다.

우리는 대화를 시작할 때 종종 무의식적으로 목표를 세운다. 상대방의 생각을 바꾸려 들기도 하고, 내 입장을 인정받으려 하기도 하며, 내가 옳다는 사실을 재확인하고자 할 때도 있다. 이런 대화 방식은 익숙하지만 때때로 우리는 이상한 일을 겪는다. 말은 많이 오갔는데 마음은 더 멀어진 느낌. 논리적으로는 이긴 듯하지만 관계는 차갑게 식어 버린다. 이것이 우리가 바라는 결과일까?

소셜 미디어 시대에 이런 현상은 더욱 두드러진다. 우리는 타임라인에 의견을 게시하고, 반응을 기다린다. '좋아요'는 환영받지만, '다른' 의견은 쉽게 '틀린' 것으로 치부된다. 디지털 공간 속에서는 설득과 인정받기에 집착하는 경향이 점점 강화된다. 결국 우리는 말은 하되 듣지는 않고, 듣는 척하면서 다음 반박을 준비한다. 이것은 진정한 대화가 아니다. 서로를 향한 독백이 교차하는 기묘한 풍경일 뿐이다.

설득하는 대화에서 벗어나는 방법

'설득'은 일방향의 흐름이다. 상대를 내가 선 자리로 끌어오려는 시도다. 반면 '연결'은 쌍방향적이다. 함께 새로운 공간을 만드는 일이며, 서로 다른 두 사람이 자신의 생각과 감정을 안전하게 꺼내 놓을 수 있는 공유된 영역을 함께 만드는 과정이다.

그렇다면 우리는 어떻게 하면 설득하는 대화에서 벗어나 진정한 소통으로 나아갈 수 있을까?

첫째, 질문의 방식을 바꿔야 한다.

질문은 대화의 방향을 결정짓는다. "왜 그렇게 했어?"라는 질문은 상대방을 방어적으로 만든다. 하지만 "그때 어떤 마음이었어?"라고 묻는다면, 상대는 자신의 내면을 진심으로 나눌 공간을 얻게 된다. 설득을 위한 질문은 이미 기대하는 답을 내포하고 있지만, 연결을 위한 질문은 진정한 호기심에서 비롯된다. 그 미묘한 차이가 엄청난 격차를 만들어 낸다.

미국 샬럿의 한 다문화 공동체 모임에서 이민자 정책을 두고 의견이 첨예하게 충돌하던 중, 진행자 재닛Janet은 단 하나의 질문으로 분위기를 바꾸었다. 그녀가 "여러분의 주장이 아니라, 여러분의 두려움은 무엇인가요?"라고 묻자 방 안이 조용해진 것이다. 한 지역 주민은 "아들의 일자리가 사라질까 두렵다"고 말했고, 한 이민자 어머니는 "아이들이 차별받을까 걱정된다"고 말했다. 서로의 취약한 감정이 드러나자 적대감은 이해로 바뀌었다. 입장은 여전히 달랐지만, 그들은 서로를 '논쟁의 상대'가 아니라 '인간'으로 바라볼 수 있게 되었다.

둘째, 입장을 말하기 전에 감정을 확인하는 습관이 필요하다.

갈등은 사실 내용이 아니라 감정의 충돌에서 시작되는 경우가 많다. 상대의 말에 동의할 수 없을 때 우리는 즉시 반박을 시도하고는 하지만, 그보다 앞서 "지금 많이 불편하구나" 또는 "화가 난 마음이 느껴져"라고 말하면 대화를 훨씬 부드럽게 만들 수 있다. 이런 말은 상대의 입장을 지지한다는 뜻이 아니라 단지 '당신의 감정을 알아차렸다'는 신호다. 놀랍게도, 이러한 감정 확인만으로도 대화의 긴장은 눈에 띄게 완화된다. 인간은 자신의 감정이 무시당하면 극단적인 입장을 취하지만, 존중받는 순간 훨씬 더 유연해진다.

르완다의 화해 프로그램 '가차차Gacaca'는 이런 원칙을 잘 보여 준다. 가차차는 1994년 르완다 대량 학살 이후 등장한 공동체 기반 사법 체계로, 진실과 화해를 추구하는 전통적 분쟁 해결 방식이다. 대량 학살 이후 회복 과정에서 중재자들은 대화를 시작하기 전에 반드시 양측의 고통을 인정하는 시간을 갖게 했다. "여러분의 슬픔과 분노를 인정합니다"라는 말로 대화를 시작하자 의사소통은 복수가 아닌 회복으로 이어졌다. 한 마을에서는 가해자 가족과 피해자 가족이 무려 10년간 단 한 마디도 나누지 않았지만, 감정을 인정받자 비로소 같은 테이블에 앉았다. 한 참가자는 이렇게 말했다. "내 감정이 존중받자, 비로소 상대의 말에 귀를 기울일 여유가 생겼습니다." 이는 극단적인 상황에서도 감정의 인정이 얼마나 중요한 역할을 하는지 보여 주는 사례이며, 우리의 일상에서도 충분히 적용할 수 있는 지혜다.

셋째, 대화의 결론보다 관계를 우선시해야 한다.

대화의 목적이 옳고 그름을 가리려는 것이라면, 그것은 이미 연결이 아닌 설득이다. 우리가 대화 후 어떤 관계로 남을지를 고려한다면 소통의 양상은 완전히 달라진다.

남아프리카공화국의 심리학자 품라 고보도마디키젤라Pumla Gobodo-Madikizela는 우분투Ubuntu 철학을 통해 인간은 타인과의 관계에서 인간성을 얻는다고 말했다. 우분투란 '나'는 '우리'가 있기에 존재한다는 의미의 아프리카 철학으로, 인간의 상호 연결성과 공동체 정신을 강조한다. 그녀는 아파르트헤이트 이후치유 과정에서 진실 규명보다 관계 회복이 먼저라는 사실을 깨달았다. 우리의 일상 대화에서도 이 원리는 동일하게 적용된다. 논쟁에서 이기는 것보다, 대화 후에도 좋은 관계를 유지하는 것이 더 중요하다.

지금 우리는 그 어느 때보다도 말이 넘치는 시대에 살고 있다. 소셜 미디어, 뉴스 채널, 알림 속에서 언어는 홍수를 이루지만 정작 사람들은 점점 더 고립되고 외롭다. 왜일까? 우리가 여전히 이기려고 말하고, 상대를 바꾸려고 듣고 있어서이다.

소통은 견해를 바꾸려는 노력이 아니라 서로를 품어 가는 과정이다. 그 품 안에서 때때로 일어나는 변화는 목표가 아니라 자연스럽게 따라오는 결과일 뿐이다. 우리가 진심으로 상대와 이어지고자 할 때 진정한 이해와 공감, 변화가 찾아온다. 봄날의 꽃이 애써 피려 하지 않아도, 적절한 환경이 되면 자연스럽게 피어나는 것처럼.

2장

내 안의 감정이
소통을 가로막을 때

말이 아니라
감정이 중요하다

사람들은 내가 몇 점을 넣었는지, 몇 번 이겼는지는 잊을 수 있지만, 내가 코트 안팎에서 동료들에게 어떤 감정을 느끼게 했는지는 결코 잊지 않을 것이다.

People may forget how many points I scored or how many games I won, but they will never forget how I made my teammates feel on and off the court.

– 마이클 조던Michael Jordan

감정은 언제나 이성보다 빠르다

우리는 하루에도 수없이 많은 대화를 나눈다. 가족과의 짧은 인사부터 업무 회의, 친구들과의 일상 공유까지. 언어를 통해 많은 생각과 정보를 전달하지만, 정작 기억에 오래 남는 것은 말이 아니라 감정이다. 논리적으로 완벽한 말보다, 그 말이 우리 안에 어떤 감정을 불러일으켰는지가 더 중요한 이유다.

누구나 한 번쯤 상대의 말이 아니라 행동에 감명받았던 기억이 있을 것이다. 말이 잘 통하지 않는 해외의 여행지에 나가 길을 잃었는데 현지인이 아무런 대가 없이 목적지까지 동행해

주거나, 현지어를 몰라 주문을 머뭇거리자 천천히 하라며 안심시켜 주는 순간. 이런 경험이 특별한 이유는 무엇일까? 같은 언어를 사용하지는 않았지만 감정을 통해 소통했기 때문이다. 말이 아니라 감정을 읽고 공감함으로써 소통한 것이다. 우리는 흔히 소통을 정보 전달로 이해하지만, 실은 그 정보가 상대방의 감정에 어떤 반응을 일으키는가가 중요하다.

2002년 노벨 경제학상 수상자인 대니얼 카너먼Daniel Kahneman은 2011년 출간된 그의 저서 『생각에 관한 생각Thinking, Fast and Slow』(김영사, 2012)에서 인간은 근본적으로 직관적이며 이성적 판단은 그 후에 따라온다고 설명했다. 감정이 먼저 반응한 후 이성이 이를 정당화하는 방식으로 사고가 이루어진다는 것이다. 세계적으로 저명한 신경 과학 심리학 교수인 조지프 르두Joseph LeDoux 역시 감정적 반응이 이성적 사고보다 훨씬 빠르게 발생하며, 때로는 인식하기도 전에 결정을 내린다고 밝혔다. 여기서 한 발 더 나아가 심리학자이자 작가인 대니얼 골먼Daniel Goleman은 IQ보다 EQ가 사회적 성공에 더 중요한 요소라고 강조한다.

감정을 움직이는 소통법

결국 우리는 말이 아니라 그 말이 남긴 감정을 기억한다. 그렇다면 어떻게 해야 감정을 움직이는 소통을 할 수 있을까?

첫째, '올바른 말'보다 '올바른 감정'을 전달해야 한다.

시험에서 낮은 점수를 받은 아이에게 "더 열심히 했어야지"라고 하면 아이는 자신이 부족하다고 느낀다. 반면, "이번 시험 힘들었지? 어떤 부분이 어려웠어?"라고 말을 걸면 대화는 긍정적인 방향으로 이어진다. 최종적으로 아이에게 하려는 말은 '공부를 더 열심히 하자'일 것이다. 이때 아이를 무시하거나 압박하지 않는다는 태도와 감정을 전달하면 대화가 도달하는 방향은 완전히 달라진다.

둘째, 상대의 감정을 인정해야 한다.

커피가 너무 쓰다며 불평하는 손님에게 "원래 저희 커피는 진한 맛이 특징입니다"라고 말한다면 그 고객은 무시당했다고 느낄 것이다. 하지만 "커피 맛이 너무 진하게 느껴져서 불편하셨군요"라고 먼저 말한 뒤 고객에게 그 이유를 설명한다면 아마 고개를 끄덕이지 않을까? 미국의 심리학자 존 가트먼John Gottman은 그의 연구 '결혼 생활의 7가지 원칙The Seven Principles for Making Marriage Work'에서 "갈등 상황에서 상대방의 감정을 인정하는 것만으로도 문제 해결의 50%가 이루어진다"고 밝혔다. 가족 간 갈등에서도 "네 입장에서 생각하니 정말 화가 났겠구나"라는 감정 인정이 문제 해결의 첫걸음이 된다.

심리학자이자 정신 건강 의학과 의사였던 빅터 프랭클Viktor Frankl은 『빅터 프랭클의 죽음의 수용소에서Man's Search for Meaning』 (청아출판사, 2005)에서 가장 깊은 소통은 말이 아닌 진정성에서 비롯된다고 강조했다. 진심 어린 눈빛과 따뜻한 목소리는 형식적인 말보다 훨씬 강력한 감동을 준다. 하버드 대학교와 노스웨스턴 대학교Northwestern University 경영 대학원에서 교수로 재직했던 심리학자 에이미 커디Amy Cuddy는 "사람들은 능력보다 따뜻함과 신뢰를 먼저 판단한다"고 말한다.

어떤 상황에서든 감정을 움직이지 못하는 소통은 진정한 연결로 이어지지 않는다. 논리적으로 완벽한 설명도 감정을 움직이지 못하면 공허한 메아리에 불과하다. 반면 짧은 한마디라도 따뜻한 시선과 진심이 담겨 있다면 깊은 울림을 남긴다.

이제 다시 떠올려 보자.

당신의 머릿속에는 어떤 대화가 남아 있는가? 중요한 회의에서 들었던 정확한 논리의 말인가, 아니면 힘들었던 날 친구가 건넸던 따뜻한 한마디인가? 강의를 들으며 배운 명확한 정의인가, 아니면 책을 읽다 발견한 가슴을 울린 한 문장인가?

성공적인 대화를 위한
감정 조절의 기술

마음에서 나온 진심 어린 말은 상대방의 마음에 깊이 새겨지지만, 혀에서 나온 형식적인 말은 그저 귓가에서 울릴 뿐이다.

If words come from the heart, they will enter the heart. If they come from the tongue, they will not pass beyond the ears.

– 루미|Rumi

'솔직함'이라는 변명 뒤에 숨은 진실

미국 심리학회의 연구에 따르면 직장인의 63%가 효과적인 소통 부재로 스트레스를 경험하고 있다고 한다. 같은 공간에 있어도 진정한 소통이 이루어지지 않는 이유가 무엇일까? 감정 지능의 부재가 그 핵심에 자리하고 있다.

- 나는 감정적으로 반응한 게 아니야. 그냥 솔직하게 말했을 뿐이야.
- 내 말이 틀렸어? 나는 그냥 사실을 말한 거야.

이런 말을 듣거나 해본 적 있는가? 우리는 종종 '솔직함'이라는 이름으로 여과 없이 감정을 표현하는 것이 정직한 태도이며 소통에 도움이 된다고 믿는다. 이럴 때 대체로 '무엇을 말했는가'에만 집중한 나머지 '어떻게 말했는가'를 간과하곤 한다. 하지만 소통을 할 때는 정보 전달보다 더 중요한 게 있다. 같은 말이라도 어떤 감정과 태도로 전달하느냐에 따라 상대의 반응이 달라진다.

 감정은 소통에서 빼놓을 수 없는 중요한 요소다. 신경 과학 연구에 따르면 감정 없는 이성은 존재하지 않는다고 한다. 감정이 우리의 정보 처리, 의사 결정, 인간관계 형성 과정에 깊이 관여하는 것이다. 그렇지만 이성이 아니라 감정이 대화의 주도권을 잡는 순간, 우리는 통제 불가능한 상태에 빠지게 된다.

 감정을 통제하지 못한 채 내뱉은 말은 상대에게 상처를 주고, 대화의 흐름을 단절시킨다. 소통은 더 이상 '이해의 과정'이 아니라 '감정의 충돌'로 변질된다.

 감정이 대화를 망치는 가장 흔한 방식은 메시지 왜곡이다. 우리는 흥분하거나 화가 나면 상대의 말을 있는 그대로 듣지 못하고, 자신의 감정을 투영하여 해석한다. 회의 중 동료가 "이 부분은 조금 더 보완하면 좋을 것 같아요"라고 말했다고 하자. 평정심을 유지한 상태라면 '더 발전시킬 부분이 있겠구나'라고 이해한다. 하지만 이미 스트레스를 받고 있거나 비판받고 있다고 느낀다면 '내 노력을 무시한다'고 받아들이고 방어적으로 반응할 가능성이 높다.

미국의 심리학자 대니얼 골먼은 『EQ 감성지능Emotional Intelligence』(웅진지식하우스, 2008)에서 "감정이 격해진 상태에서는 이성적 사고를 담당하는 대뇌 신피질이 제대로 기능하지 못한다"고 설명했다. 이를 심리학에서는 '감정 하이재킹emotional hijacking'이라 부르며, 이 상태에서는 방어 모드가 작동하고 대화가 단절된다. 상대의 말을 왜곡해서 받아들이고, 자신의 감정을 정당화할 증거만을 선택적으로 수집하는 '확증 편향'이 강화된다. 심리학자 존 가트먼은 40년 이상 부부 상담 연구를 진행했는데, 그는 비난, 방어, 경멸, 회피라는 4가지 독성 소통 패턴(이른바 '관계의 네 기사')이 나타나면 이혼 가능성이 90% 이상으로 증가한다고 밝혔다.

감정은 이해하고 다스리는 것

감정을 다루는 방식에는 크게 양 극단이 있다. 하나는 감정을 완전히 억누르는 것이고, 다른 하나는 감정을 통제 없이 표출하는 것이다. 이 2가지 방식은 모두 효과적인 소통을 방해한다. 감정을 지나치게 억누르면 상대와 진정한 교감을 나누기 어렵고, 쌓인 감정이 나중에 더 큰 폭발로 이어질 수도 있다. 반면, 감정을 즉각적으로 표출하면 순간적인 카타르시스를 경험할 수 있지만 상대방에게 돌이킬 수 없는 상처를 남길 수도 있다. 한번 내뱉은 말은 되돌릴 수 없으며, 특히 격한 감정 상태에서 한 말은 오랫동안 상대의 기억에 남는다. 성공적으로 소통하려면 감정을 완전히 배제하지도, 감정에 휩쓸리지도 말고 균형을 찾아야 한다.

이때 가장 중요한 점은 감정을 억누르거나 숨기지 말고 스스로 인식하고 조절해야 한다는 것이다. 감정을 통제하는 첫 번째 단계는 '자신의 감정을 정확히 알아차리는 것'이다. 대화 중에 불쾌함, 분노, 좌절감이 들기 시작한다면 즉각적으로 반응하는 대신 스스로에게 질문해 보라. '지금 왜 이런 감정을 느끼는 걸까?', '이 감정이 대화에 어떤 영향을 미칠까?', '이 감정을 상대에게 어떻게 전달해야 오해가 없을까?' 감정을 잘 다스리는 사람들은 즉각적으로 반응하는 대신, 잠시 멈추고 자신의 감정을 객관적으로 바라보는 '메타 인지적 감정 조절 능력'을 갖추고 있다.

즉각적인 '반응'이 아니라 의식적인 '응답'을 하려는 노력도 필요하다. 예를 들어, 동료가 "너 요즘 왜 이렇게 실수를 많이 해?"라고 말했다고 하자. 즉각적으로 "넌 실수 안 해?"라고 반격하면 감정 싸움으로 번질 가능성이 크다. 하지만 한 박자 쉬고 "내가 실수해서 속상한가 보네. 어떤 부분이 특히 걱정돼?"라고 응답하면 대화의 흐름이 달라진다. 미국의 전 대통령 에이브러햄 링컨Abraham Lincoln은 '핫 레터Hot Letter'라는 것을 활용했다. 화가 나거나 실망했을 때 감정을 표현하는 편지를 작성했다가, 이를 즉시 보내지 않고 따로 표시해 놓은 뒤 추후에 재차 살펴보거나 아예 보내지 않았다는 것이다. 그는 시간이 지나 감정이 가라앉은 후에 더 차분하게 대응하는 방식을 택했다.

더 나아가, 상대의 감정을 읽는 능력도 갖추어야 한다. 상대가 공격적인 말투를 사용했다고 해서 똑같이 감정적으로 대응하지 말고 그 감정의 근원을 파악하라. 이런 태도를 '감정의 디코딩Decoding Emotion(상대방의 겉으로 드러난 감정 표현 너머의 진짜 의도와 필요를 해석하는 과정)'이라고 한다.

감정 통제는 감정을 억누르는 것이 아니라 그 본질을 이해하고 다스리는 것이다. 감정에 휘둘리는 순간 대화는 설득이 아니라 전쟁이 되고 상처만 남는다. 흥미롭게도 대화의 방향은 감정의 흐름을 주도하는 사람이 결정한다. 감정을 조절하는 사람만이 상대의 말 뒤에 숨겨진 의도를 읽어 내고 상황을 이끌어 갈 수 있다. 같은 피드백이라도 존중과 배려를 담아 전달하면 건설적인 제안으로 받아들여지지만 경멸이나 분노를 담아 전달하면 공격으로 인식된다.

감정의 격랑에 휩쓸리지 말자. 감정을 다스림으로써 대화의 주도권을 쥐도록 하자. 감정을 통제하는 순간 우리는 단순히 듣고 말하는 존재가 아니라 진정한 관계를 만들어 가는 사람이 된다. 물론 감정 지능은 하루아침에 완성되지 않는다. 평생에 걸쳐 발전시켜 나가는 능력이다. 노력해도 때로는 감정에 휘둘리고 소통에 실패할 것이다. 하지만 그 과정과 경험을 통해 더 나은 커뮤니케이터로 성장해 나갈 수 있다. 자신의 감정을 이해하고 효과적으로 표현하며 상대의 감정을 읽어 내는 능력은 21세기를 살아가는 모든 사람에게 필수적이다. 이 삶의 기술은 개인의 성공과 행복, 건강한 관계 구축의 핵심 요소가 될 것이다.

감정에
휘둘리지 않는 대화법

취약함을 표현하면 갈등을 해결하는 데 도움이 된다.

Expressing our vulnerabilities can help resolve conflicts.

― 마셜 로젠버그Marshall Rosenberg

감정은 소통의 최고 조력자

많은 이가 감정을 두려워하고 꺼리지만 사실 감정은 제거해야 할 위험이 아니다. 오히려 잘 다루기만 하면 소통의 최고 조력자가 될 수 있는 존재다. 감정에 휘둘리지 않는 대화라고 하면 대개 냉정하고 차가운 대화를 떠올리곤 한다. 하지만 진실은 정반대다. 감정이 없는 대화란 존재하지 않으며, 중요한 점은 감정을 억누르거나 지우지 말고, 정확히 인식하고 적절하게 다뤄야 한다는 것이다. 감정은 결코 소통의 적이 아니며, 오히려 적절히 다룰 줄 알아야 비로소 진정한 소통이 가능해진다.

이러한 진실을 콜로라도 브레킨리지의 하얀 설원에서 뼈저리게 체감한 적이 있다. 매년 친구들과 함께 스노보드를 타러 가던 그곳에서, 9.11 테러가 발생한 직후 나는 예상치 못한 상황에 처했다. 한국으로 돌아와야 했지만 테러 이후 모든 비행기가 결항되어 고립된 상황이었다. 미국인 친구들은 각자 교통편을 마련해 집으로 돌아갔다. 그날, 친구들이 자신들의 안전만 걱정하며 하나둘 떠날 때, 나는 걷잡을 수 없는 감정에 휘둘려 끝내 말을 잃고 말았다. 테러가 불러온 참혹한 공포, 친구들의 배려 없는 행동에 대한 섭섭함, 그리고 한국으로 돌아갈 방법을 찾지 못해 느끼는 절망적인 무력감이 뒤엉켜 내 안에 엄청난 감정의 소용돌이를 만들어 냈다. 그 감정들은 마치 목에 걸린 커다란 덩어리처럼 나를 짓눌렀고, 나는 어떤 말도 할 수 없었다. 머릿속에서는 '나도 같이 데려가 줘', '어떻게 해야 할지 모르겠어'라는 말이 맴돌았지만, 입 밖으로 꺼낼 수 없었던 것이다. 침묵만이 그 설원의 찬바람 속에 남았다.

곰곰이 생각해 보면 우리 모두 이런 경험이 있지 않은가?

때때로 우리는 하고 싶은 말이 있는데도 입을 다물거나, 공격하거나, 방어하거나, 빙빙 돌려 말하곤 한다. 감정이 약해서가 아니라 오히려 너무 강해서 그런 것이다. 감정에 압도될 때 우리는 말을 잃고, 그 결과 더 깊은 고립과 오해를 경험한다. 바로 이런 상황에서 캐나다의 저명한 심리학자 레슬리 그린버그Leslie Greenberg가 제시한 감정 조절 방법론이 절대적인 힘을 발휘한다.

그린버그는 감정 중심 치료법Emotion-Focused Therapy의 창시자로, 감정을 효과적으로 다루는 3가지 핵심 단계를 제안했다. 첫째, 감정을 느끼고, 둘째, 구분하고, 셋째, 말로 풀어내는 것이다. 이 세 과정은 심리학 교과서 속에서만 존재하는 지식이 아니다. 우리의 삶에서, 특히 감정에 압도되는 순간에 꼭 필요한 실전 지혜다.

감정과의 싸움에서 승리하는 진정한 방법

감정 인정이 첫 번째 단계다. '지금 화가 났어', '지금 상황이 무서워'라고 있는 그대로 받아들이는 순간 감정은 조금씩 잔잔해지기 시작한다. 그다음 단계에서 화나고, 슬프고, 억울한 그 표면 아래에 숨겨진 진짜 감정을 찾아내야 한다. 예를 들어 곰곰이 생각한 끝에 화가 난 이유가 '무시당했다고 느꼈기 때문'임을 자각한다면, 그제야 비로소 감정의 본질에 가까워진 것이다. 마지막으로 그 감정을 표현할 때, '너 때문에'가 아니라, '나는 이렇게 느꼈어'라고 이야기해야 한다. 이 단순하지만 어려운 표현이 대화를 이해로 이끄는 열쇠다. "너 때문에 화났어"가 아니라 "나는 무시당했다고 느꼈어"라고 말할 때, 상대는 더 이상 방어하지 않고 진심으로 내 말을 듣게 된다.

나는 교수가 된 이후 실제로 이 방법을 사용한 적이 있다. 회의라는 공식적인 자리, 수많은 동료 교수 사이에서 나는 늘 긴장했다. 특히 모 선배 교수의 강한 태도 앞에서 숨이 턱 막히는 듯한 압박을 받았다. 침묵을 선택할 수밖에 없는 순간들이 있었다.

하지만 그린버그의 방법론을 알게 된 후, 다른 접근법을 시도해 보기로 했다. 회의가 끝난 뒤 용기를 내어 내 감정을 솔직히 꺼내 놓았다. 불편했고, 위축되었다고. 그러자 놀랍게도 상대방 역시 자신도 모르게 나에게 부담을 주었음을 인정했다. 그때 깨달았다. 진짜 강한 사람은 자신의 마음을 숨기지 않고, 감정에 휘둘리지 않으면서도 그것을 통해 진심을 전달한다는 것을. 그 경험은 내게 커다란 전환점이 되었다.

이것이야말로 갈등을 풀고 관계를 바꾸는 대화의 본질이다. 감정을 인정하지 않을수록 우리는 그 감정에 더욱 휘둘리게 된다. 브레킨리지의 하얀 설원에서 나는 침묵을 선택했지만, 그 침묵은 내가 바랐던 보호막이 되어 주지 못하고 오히려 더 깊은 고립으로 이끌었다. 비록 서툴고 부족했더라도 어떤 말이든 했다면, 외로움과 공포가 그토록 거대하게 나를 삼키지는 않았을 것이다.

감정에 휘둘리지 않는 대화는 내가 나를 이해하고, 상대를 이해하고, 결국 더 나은 인간관계 속으로 나아가는 하나의 긴 여정이다. 종종 험난하고, 때로는 불편하며, 많은 용기를 요구하겠지만, 반드시 거쳐야 한다.

그린버그가 강조했듯 감정은 문제 해결의 장애물이 아니라 오히려 해결의 핵심 재료다. 감정을 부정하지 않고, 정확히 인식하며, 정직하게 표현할 수 있을 때, 우리는 비로소 대화의 주도권을 되찾는다. 그때야말로 우리는 누군가와 진정한 의미에서 연결되고, 더 이상 침묵 속에 갇힌 존재가 아니라 말하고 표현하며 공감하는 존재로 거듭난다.

감정은 우리의 삶에 언제나 존재하는 근본적인 요소다. 감정을 억누르거나 무시할 때, 그것은 오히려 더 강력히 우리를 지배하게 된다. 역설적이지만, 감정과의 싸움에서 승리하는 방법은 인정하고 받아들이는 것이다.

감정을 인식하고, 받아들이고, 표현하는 과정은 단순한 대화법이 아니라 우리가 타인과, 그리고 결국 우리 자신과 맺는 관계의 핵심이다. 이것이 바로 내가 위기의 순간들 속에서 깨달은 가장 소중한 진실이다.

설득하는 대신
공감할 수 있도록

심장은 이성이 알 수 없는 자기만의 이유를 가지고 있다.
The heart has its reasons which reason knows not.

– 블레즈 파스칼Blaise Pascal

사람들은 감정에 마음을 연다

프랑스 파리의 광고 에이전시 퍼블리시스 그룹Publicis Groupe
은 감성 트리거Emotional Trigger를 기반으로 한 메시지 설계 방식을
연구했다. 인간의 자연스러운 반응 경로는 '이미지·소리·상징을
통한 감각적 몰입', '유사한 감정에 대한 공명', '나와 연결된 서
사를 통한 거리 좁히기'의 세 단계로 구성된다. 이 원리를 바탕
으로 난민 소년의 시점에서 설계된 광고는 관객이 그 상황을 직
접 겪는 듯한 감정적 몰입을 유도했고, 수백만 건의 SNS 공유를
이끌어 냈다. 이처럼 메시지를 설득이 아닌 공감의 구조로 전달

할 때 사람은 저항 없이 마음을 연다.

감정 기반 메시지는 스토리텔링, 감정 중심 구조, 진정성이라는 3가지 축을 중심으로 구성된다. 특히 스토리텔링은 인간의 뇌가 숫자보다 한 개인의 구체적인 이야기에 훨씬 더 큰 반응을 보인다는 점에서 설득의 핵심이다. 통계를 나열하는 프레젠테이션보다 무명의 누군가가 겪은 실제 문제 해결 사례가 더 강하게 와닿는 이유가 바로 이것이다.

감정 중심 구조는 메시지가 청자의 기억과 경험을 직접 자극하는 장치들로 구성되어야 한다는 뜻이다. "상상해 보세요" 같은 표현이나 의미 있는 침묵, 목소리의 톤 변화 등으로 청중의 감정에 영향을 미치는 것이다. 미국의 주요 비영리 의료 기관인 메이오 클리닉Mayo Clinic의 한 연구에 따르면, 이러한 요소는 뇌의 자서전적 기억 영역을 활성화시킨다는 점에서 메시지에 대한 개인적 연결을 가능하게 만든다.

행동은 마음에서 나온다

하지만 무엇보다 중요한 건 진정성이다.

프린스턴 대학교Princeton University의 알렉스 토도로프Alex Todorov와 재닌 윌리스Janine Willis의 연구에 따르면 사람들은 단 0.1초 만에 상대의 진정성을 무의식적으로 판단한다. 아무리 감성적인 메시지도 그 진심이 의심스러우면 오히려 부정적인 반응을 유도하게 된다. 그래서 때론 정교하게 연출된 광고보다 어설퍼 보이지만 진솔한 후기 하나가 더 강한 설득력을 발휘한다. 1963년 8월 28일, 워싱턴 D.C.에서 열린 마틴 루서 킹Martin Luther King의 〈저는 꿈이 있습니다I have a dream〉 연설이 오늘날까지도 회자되는 건 뛰어난 수사 때문이 아니라 그가 말에 담았던 진심 때문이다. 진짜 감정을 공유하고 공명하는 것, 바로 그것이 커뮤니케이션의 본질이다.

2023년, 코로나 팬데믹이 끝나던 해에 나는 한 글로벌 물류 테크 기업의 컨설팅을 진행했다. 당시 그 회사는 직원들이 재택근무를 마치고 사무실로 복귀하는 과정에서 내부 소통의 단절로 팀워크가 약화되고 이탈률이 높아지는 문제를 겪었다. 나는 가장 먼저 팀원들에게 "회사에서 가장 감동했던 순간은 언제였나요?"라고 물었다. 돌아온 대답들은 '보너스'나 '승진', '복지'가 아니었다. 야근을 할 때 팀 리더가 다가와 조용히 건넨 한마디, 실수를 했을 때 말없이 어깨를 두드려 준 동료의 손길 같은 것들이었다. 이후 기업은 내부 커뮤니케이션 방식을 전면 개편했다. 실적 중심의 브리핑을 줄이고, 매주 감동적인 사내 사례를 나누는 시간을 만들었다. 불과 6개월 만에 이직률은 20% 감소했고, 신뢰 지표는 40% 이상 상승했다.

논리와 데이터의 바다에서 표류하는 현대인들은 역설적이게도 '감정과의 공명'이 필요하다. 30년간 커뮤니케이션을 연구하고 컨설팅을 진행하며 얻은 가장 큰 깨달음은, 결국 수치나 논리가 아닌 진심에서 우러나오는 공감의 힘이 사람을 움직인다는 것이다. 사람의 마음은 물처럼 가장 낮은 곳, 즉 진심이 느껴지는 곳으로 자연스럽게 흘러간다. 그러므로 진정한 소통을 원한다면 논리를 내세우기보다 마음에 귀를 기울여야 한다. 바로 그 감성적 연결이야말로 초연결 시대에 우리가 간절히 회복해야 할 인간성이다.

감정이 리더십을 만든다

사람을 대할 때, 당신은 논리적인 존재가 아니라 감정적인 존재를 상대하고 있다는 사실을 기억하라.
When dealing with people, remember you are not dealing with creatures of logic, but with creatures of emotion.

– 데일 카네기|Dale Carnegie

리더들은 감정을 살필 줄 안다

한국에서 출간한 내 책이 베스트셀러가 된 후, 대만 타이베이의 한 출판사와 수출 계약 미팅이 잡혔다. 고대하던 자리였으나 회의는 내 기대를 서서히 무너뜨렸다. 그들은 한국에서의 성과를 무시하며 자신들의 계약 조건을 고수했다. 자존심이 상했다. '베스트셀러 저자'라는 내 자부심은 아무 의미가 없어 보였다. 내 말수가 줄고 표정이 굳었다.

그런데 회의가 끝난 후 출판사 대표가 나를 따로 불렀다. 그녀는 조용히 내 눈을 바라보며 말했다. "당신의 마음, 오늘 충분히 느꼈습니다. 한국에서의 성취와 지금 느끼는 당혹감까지요."
그런 뒤 그녀는 내부의 반대를 무릅쓰고 계약 조건을 조율했다.
나의 감정을 먼저 존중한 뒤 협상을 풀어 간 것이다. 그 과정은
숫자가 아닌 존중에서 시작됐고, 나는 그 일을 오래도록 기억하
게 되었다.

그녀는 출판사 대표이기만 한 게 아니었다. 그녀는 '커뮤니
케이터'였다. 단어 몇 개로 마음을 휘어잡으려 하기보다, 상대의
감정을 읽고 그 자리에 머물 줄 아는 사람이었다. 그녀의 조율은
전략이 아닌 태도였고, 자신의 입장을 관철시키기보다 상대의
마음을 먼저 살피는 감정 리더십에 바탕을 둔 방법이었다.

리더십이란 결국 감정을 다루는 능력에서 비롯된다. 심리
학자 마크 브래킷Marc Brackett은 감정이 "우리가 하는 모든 선택을
이끄는 보이지 않는 조종자"라고 말한다. 실제로도 누군가가 겉
으로는 '예스'라고 말하면서도 눈빛으로는 '노'를 외치거나, 말없
이 분노를 꾹 눌러 담고 있는 상황을 우리는 자주 목격한다. 조
직에서의 소통 실패 역시 '전달되지 않은 감정'에서 시작되는 경
우가 많다. 특히 갈등이 있거나 부정적인 피드백을 주고받을 때,
우리는 종종 상대의 감정을 고려하지 않아 더 큰 상처를 남긴다.
감정을 다룰 줄 아는 사람은 단지 말을 잘하는 사람이 아니다.
상대의 정서적 풍경을 함께 걸어갈 줄 아는 사람이다.

이러한 감정 중심 소통 능력은 크게 세 갈래로 나누어 살펴
볼 수 있다.

첫째, 감정 명명 능력이다.

뉴질랜드 오클랜드에 있는 한 청소년 쉼터를 방문한 적이 있다. 그곳에서 상담자는 아이들에게 "슬퍼?"라고 묻지 않았다. 대신 "지금 네 마음속엔 어떤 날씨가 있어?"라고 물었다.

이미지로 바꿀 때 우리는 훨씬 더 부드럽고 안전하게 자신의 감정을 표현할 수 있다. 심리학자 리사 펠드먼 배럿Lisa Feldman Barrett은 감정에 구체적으로 이름을 붙이는 능력이 감정 조절력과 직결된다고 강조한다. 감정은 감춰질수록 커지지만, 드러낼 수 있을 때 비로소 가벼워진다.

둘째, 정서적 타이밍을 맞추는 능력이다.

같은 말도 언제 하느냐에 따라 전혀 다르게 들린다. 호주 시드니의 한 의료 기관에서 관리자 훈련을 지원할 때, 어느 간호사가 했던 말이 인상 깊었다. 피드백은 그 내용보다 타이밍 때문에 상처가 되기도 한다는 것. 격해진 상태에서는 아무리 옳은 말이라도 제대로 들리지 않는다. 감정 중심 소통을 할 때는 정보를 전달하는 것도 중요하지만, 상대가 받아들일 준비가 되었는지를 먼저 살펴야 한다.

셋째, 감정을 나누도록 유도하는 능력이다.

"뭐가 문제죠?"라는 질문 대신 "지금 당신을 힘들게 하는 일이 뭔가요?"라는 질문이 마음의 문을 더 쉽게 연다. 말투, 표정, 질문 방식 하나만으로도 사람의 마음은 닫히거나 열릴 수 있다. 우리는 흔히 누군가를 설득하기 위해 말하지만, 감정 중심 소통은 설득이 아니라 함께 머무름을 지향한다.

감정을 무시하면 진정한 변화는 사라진다

감정 리더십은 자기 인식과 감정 조율의 총합이다. 이는 개인을 성숙하게 할 뿐만 아니라 관계의 질, 협상의 방향까지도 바꾼다. 우리는 단순한 정보 전달자가 되어서는 안 된다. 감정의 흐름을 조율하는 지휘자가 되어 사용하는 단어, 표정, 심지어 침묵과 숨소리마저도 감정의 온도를 조절하는 데 활용해야 한다. 감정 중심 소통을 하면 장기적인 신뢰를 쌓을 수 있다. 물론 단점도 있다. 시간이 더 걸리고, 민감해야 한다. 하지만 그 느림 속에서 진정한 리더십이 발휘된다.

네덜란드 암스테르담의 어느 사회 혁신 커뮤니티에서는 회의를 시작하기 전에 '체크인 감정 카드'라는 특별한 도구를 사용한다. 이 감정 카드는 그날 각자의 마음을 들여다보고 현재 느끼는 감정을 짧게 표현할 수 있도록 돕는다. 단순해 보이지만 이 작은 행동 하나가 팀원 사이의 거리감을 줄이고 서로의 감정을 자연스럽게 마주하게 만든다. 회의는 그렇게 서로의 감정을 확인하면서 시작된다. 말 몇 마디로 서로의 감정을 공유하고 나면 이후의 대화는 훨씬 더 부드럽게, 개방적으로 흘러간다.

우리는 감정을 다루는 일이 어렵다고 느낀다. 그래서 논리로 설득하려 들고 이성을 앞세운다. 하지만 말을 잘하는 것과 소통을 잘하는 것은 다르다. 오히려 조용히 머물고, 상대의 감정을 읽고, 내 마음을 전할 줄 아는 사람이 진정한 커뮤니케이터다. 감정은 언어보다 더 빠르게, 더 깊게 사람의 마음에 닿는다.

우리는 효율성과 속도를 좇으며 감정을 방해물로 여긴다. 하지만 역설적으로, 감정을 건너뛰려는 시도가 오히려 소통을 막는다. 진정한 소통은 내 말이 옳은지를 증명하는 과정이 아니라 내 마음과 상대의 마음이 만나는 지점을 찾는 과정이다. 내가 전 세계 다양한 문화권에서 만난 영향력 있는 리더들은 모두 이 진실을 알고 있었다. 그들은 언어의 벽, 문화적 차이, 사회적 지위를 뛰어넘어 인간 본연의 감정에 집중했다. 그리고 그 과정에서 발견한 진실은 놀라울 정도로 단순했다. 감정을 무시한 소통은 결코 진정한 변화를 이끌어 낼 수 없다는 것.

진정으로 누군가의 마음을 움직이려 한다면, 그들의 논리가 아닌 감정에 먼저 다가가야 한다. 감정을 다룰 줄 아는 능력이야말로 마음을 움직이고 결국 세상을 바꾸는 리더십의 본질이다.

3장

들는다는 것의
진짜 의미

듣는 사람이 삶을 바꾼다

대부분의 사람은 이해하려는 마음으로 듣지 않는다. 그들은 대답하려는 마음으로 듣는다.
Most people do not listen with the intent to understand; they listen with the intent to reply.

– **스티븐 R. 커비**Stephen R. Covey

말하기보다 센 듣기의 힘

듣는 사람이 삶을 바꾼다. 소통의 본질이 여기에 있다. 듣는 것은 곧 마음을 얻는 일이기 때문이다. 2007년 출간된 조신영 작가의 『경청』은 조용히 상대의 말을 듣는 '경청'이라는 행위가 사람의 마음을 움직이고 관계를 나아가게 하는 힘임을 보여주며 많은 이를 변화시켰다. 당시 많은 독자가 이 책을 통해 '듣는 것'의 가치를 새롭게 깨달았다. 그동안 입을 열어야만 소통하는 것이라고 믿던 사람들이 입을 닫고 귀를 열 때 비로소 진정한 관계가 시작된다는 사실에 놀란 것이다. 하지만 여전히 우리 사회는 말 잘하는 사람, 발표 잘하는 사람, 상대를 설득하는 사람에게 박수를 보낸다. 짧고 강렬한 메시지는 주목받는 반면, 깊이 있는 경청의 가치는 더욱 희미해지고 있다.

그러나 관계를 지속시키고 성장시키는 힘은 여전히 듣기에 있다. 화려한 언변이나 유창한 논리가 아니라 상대의 말에 귀를 기울이는 것이 소통의 본질임을 잊지 말아야 한다. 그리고 무엇보다 중요한 사실은 듣기야말로 삶과 관계, 때로는 인생 전체를 바꾸는 행위라는 것이다. 듣기는 상대의 마음을 열고, 지친 마음에 위로를 건네며, 인생의 방향을 바꾸는 씨앗이 된다. 우리는 스스로에게 '말을 잘하고 있는가?'라고 묻는 대신 이렇게 물어야 한다. '진심으로 듣고 있는가?'

경청은 상대의 삶을 잠시 함께 살아 주는 일이다. 상대가 겪은 기쁨과 슬픔, 고민과 상처를 오롯이 들어 주는 그 순간, 두 사람 사이에는 말로 설명할 수 없는 깊은 연결이 형성된다. 서로 자기 할 말을 하는 관계는 쉽게 흔들리지만, 서로의 말을 듣는 관계는 좀처럼 무너지지 않는다. 랠프 니컬스Ralph Nichols는 "인간의 가장 기본적인 욕구는 이해하고 이해받고자 하는 욕구이며, 사람을 이해하는 가장 좋은 방법은 그들의 이야기를 듣는 것이다"라고 말했다. 우리가 경청하는 순간 상대는 자신이 이해받고 있다고 느끼며 비로소 마음의 문을 연다. 경청하는 사람은 단순한 청자가 아니라 말하는 사람의 삶 속으로 함께 걸어 들어가는 동행자가 된다.

경청만으로도 바뀌는 것

비폭력 대화Nonviolent Communication의 창시자인 마셜 로젠버그는 수많은 갈등의 현장에서 사람들의 관계를 변화시켜 왔다. 그가 갈등을 중재한 방법은 화려한 말재주나 논리가 아니었다. 그는 오히려 말을 줄이고 상대가 스스로 이야기할 수 있도록 기다리며, 그 이야기를 있는 그대로 듣는 데 집중했다. "진심으로 들어 주는 존재 앞에서 사람들은 스스로 해결책을 발견한다"는 것이 그의 생각이다. 실제로 로젠버그는 학교 폭력, 가족 갈등 심지어 국제 분쟁 현장에서조차 적극적인 조언 없이 깊은 경청만으로 상대가 스스로 마음을 열고 변화를 시작하도록 도왔다. 이처럼 경청은 마음의 벽을 부수고, 쌓였던 오해와 불신을 조금씩 걷어 준다.

그럼에도 우리는 왜 잘 듣지 못하는가? 심리학자 줄리언 트레저Julian Treasure는 현대인들이 듣는 기술을 잃었다고 지적한다. "디지털 시대에 우리는 점점 더 많은 소음 속에서 살아가며, 듣기의 가치가 점점 희미해지고 있다"는 것이다. 빠르게 말하고 즉각적인 반응에 익숙해진 일상이 소통에는 오히려 방해가 된다. 심리 치료사 토머스 고든Thomas Gordon은 이를 '비활성 듣기'라 부르며 많은 갈등과 오해가 바로 이 순간에 발생한다고 분석했다. 상대가 내 이야기를 듣지 않고 있다고 느끼는 순간, 우리는 방어적인 자세를 취하게 되고 관계는 멀어진다.

경청은 가장 위대한 소통 방법이다. 경청을 통해 우리는 상대의 세계를 방문하고, 때로는 그 세계를 함께 재구성한다. 경청은 기술이 아니라 철학이며 태도다. 말하기는 순간을 바꾸지만 듣기는 삶을 바꾼다. 진정한 듣기는 상대가 자신의 삶을 재발견하는 데 도움을 준다. 사람들은 결국 말을 잘 들어 주는 사람 곁에 머물고 싶어 한다. 그 곁에서 안전하다고 느끼기 때문이다.

듣는 이가 삶을 바꾼다. 자신의 삶과 타인의 삶 모두. 이것이 소통의 본질이자 관계의 핵심이며, 인간 존재의 가장 깊은 연결 방식이다. 우리 모두가 말을 줄이고 귀를 열 때, 세상은 더 나은 방향으로 변화할 것이다.

진짜 듣는 것과
듣는 척하는 것의 차이

> 듣기는 말해진 것을 듣는 행위이고, 경청은 말해지지 않은 것을 듣는 행위다.
>
> Hearing is listening to what is said. Listening is hearing what isn't said.
>
> – **사이먼 시넥**Simon Sinek

진짜 듣는 사람, 듣는 척만 하는 사람

우리는 정말 듣고 있는 걸까? 아니면 듣는 척만 하고 있을까? 상대의 말에 고개를 끄덕이고 적당한 타이밍에 "음, 그렇구나"라고 맞장구치는 것만으로 충분하다고 생각할 수도 있다. 하지만 상대가 진정 원하는 바는 자신의 말이 '들렸다'는 사실이 아니라, 이해받고 있다는 확신이다.

우리는 듣는 것과 듣는 척하는 것을 같은 행위로 착각한다. 하지만 경험해 보면 안다. 진심으로 들어 주는 사람과 겉으로만 듣는 척하는 사람은 단번에 구별된다는 것을. 듣는 척하는 사람은 적당히 맞장구치고 반응하지만, 정작 머릿속으로는 딴생각을 한다.

반면, 진짜 듣는 사람은 상대의 말뿐만 아니라 표정, 목소리 톤, 말투의 미세한 변화에 담긴 감정까지 읽어 낸다. 그리고 그 사람이 말하지 않은 것까지 이해하려 한다.

철학자 한나 아렌트Hannah Arendt는 경청과 공유된 대화 공간의 중요성을 강조했다. 그녀는 자유로운 대화와 다양한 관점의 수용이 정치적 삶의 필수 요소라고 보았으며, 다양한 목소리를 듣고 이해하는 것이 공동체 형성에 필수라고 주장했다. 결국 소통의 본질은 말이 아니라 '경청'에 있다.

진짜 들어야 '관계'가 생긴다

듣는 것과 듣는 척하는 것은 단순한 태도의 차이가 아니다. 이 차이가 관계를 결정짓고, 소통의 깊이를 가른다. 한 심리 실험에서 연구자들은 부부가 대화하는 모습을 관찰했다.

행복한 관계를 유지하는 부부들은 배우자가 이야기할 때 휴대폰을 보지 않고 눈을 맞추며 적극적으로 반응했다. 반면 관계가 소원한 부부들은 배우자가 말을 할 때 건성으로 대답하거나 듣는 척하며 다른 생각을 했다. 이러한 태도가 반복될수록 상대는 점점 '말을 해도 소용없다'라고 느끼게 되고, 결국 대화가 줄어들어 감정적 거리감이 커진다.

문제는 현대 사회가 '듣는 척하는 습관'을 강화한다는 점이다. 우리는 아침마다 "잘 지냈어?"라고 인사하지만, 그 말에 진심을 담지 않는다. 심리학자 에리히 프롬Erich Fromm은 기술이 인간관계에 부정적 영향을 미친다고 비판했으며, 자본주의 사회에서 소통이 상품화되는 현상을 우려했다. 현대인들은 기계처럼 예상 가능한 응답을 주고받을 뿐 진짜 대화는 하지 않는다. 스마트폰을 보며 얘기하고, 회의 중에도 발표자의 말을 듣는 척하며 딴생각을 한다. 뉴욕 대학교의 한 연구에 따르면, 회의 참석자는 발표 내용의 30%만 기억한다.

디지털 기술의 발달은 이러한 문제를 더욱 심화시키고 있다. 화상 회의에서 우리는 카메라를 켠 채로 몰래 다른 탭을 열어 이메일을 확인하거나 SNS를 보고는 한다. 표면적으로는 참여하고 있지만, 실제로는 온전히 집중하지 않는 '가상 경청pseudo listening'이 일상화되고 있는 것이다.

예를 들어 보자. 한 신입 사원이 팀 회의에서 새로운 아이디어를 발표한다. 그는 회사의 성장에 기여할 수 있는 창의적인 전략을 고민하며 자료를 준비했고, 팀원들의 반응을 기대하며 조심스럽게 입을 연다. 하지만 팀장과 선배들은 스마트폰을 만지작거리거나 노트북 화면만 바라보고 있다. 가끔 고개를 끄덕이긴 하지만 그 표정에서 읽을 수 있는 것은 '내 차례가 언제 오지?'라는 생각뿐이다. 발표가 끝난 뒤 팀장이 묻는다. "그래서 핵심이 뭐였죠?" 순간, 회의실 공기가 싸해진다. 신입 사원은 자신이 공들여 준비한 내용이 쓸모없는 것 같은 허탈감을 느낀다.

진정한 경청이 가져오는 힘은 역사적인 인물의 리더십에서도 찾아볼 수 있다.

마틴 루서 킹은 단순한 연설가가 아니었다. 그는 사람들의 말을 진심으로 들었고, 그들의 두려움과 희망을 이해하려 했다. 어느 날, 한 흑인 노동자가 그에게 절망적인 목소리로 말했다. "아무리 노력해도 변하지 않을 것 같아요." 하지만 그는 즉시 반박하지 않았다. 대신 조용히 물었다. "당신은 무엇이 가장 두려운가요?" 그러자 노동자는 한참을 생각한 끝에 "아무도 우리 얘기를 들어 주지 않을까 봐"라고 답했다. 마틴 루서 킹은 이렇게 말했다. "그렇다면, 우리가 해야 할 일은 변화를 요구하는 것만이 아니라, 우리가 서로의 말을 듣고 있다는 걸 세상에 보여 주는 것이겠네요."

심리학자 칼 로저스는 경청이 치료 과정에서 매우 중요한 요소이며, 내담자가 자신의 감정을 진정으로 이해받고 있다는 느낌을 받도록 돕는다고 설명했다. 로저스는 적극적 경청을 통해 내담자가 자신의 문제를 스스로 해결하도록 돕는 것이 중요하다고 보았다. 로저스의 내담자들은 종종 "이곳에 오기 전까지 누구도 내 말을 진짜로 들어 준 적이 없어요"라고 말했다고 한다. 이는 진심 어린 경청이 치료 과정에서 얼마나 중요한지를 보여 준다.

진정한 경청을 위한 5가지 방법

어릴 적 학교 앞에 있던 웅변 학원과 학교에서 주최했던 웅변 대회를 떠올려 보라. 우리는 '말하는 법'은 배웠지만, '듣는 법'은 배우지 않았다. 학교에서는 발표하는 법을 가르치지만, 상대의 말을 어떻게 듣고 이해해야 하는지는 가르치지 않는다. 진정한 경청은 기술이자 태도다. 다음과 같은 실천 방법을 통해 우리는 '듣는 척하기'에서 '진정한 경청'으로 나아갈 수 있다.

첫째, 온전히 주의 집중하기.

상대와 대화할 때는 휴대폰을 내려놓고, 산만함을 최소화하라. 눈 맞춤은 '당신의 말에 관심 있다'는 강력한 신호다.

둘째, 적극적인 경청 기술 활용하기.

상대의 말을 요약하고("당신이 말씀하신 것이 이런 의미인가요?") 확인하라. 상대의 감정에 집중하며 공감을 표현하라("정말 속상했겠네요").

셋째, 판단 유보하기.

상대의 말을 듣는 동안 평가하거나 반박을 준비하지 말고, 먼저 이해하려고 노력하라.

넷째, 비언어적 신호 읽기.

상대의 말뿐 아니라 목소리 톤, 표정, 자세 등 비언어적 신호에도 주의를 기울여라.

다섯째, 침묵의 힘 활용하기.

상대가 말을 마치면 바로 이야기를 시작하지 말고, 잠시 침묵으로 상대의 말을 소화하는 시간을 가져라.

오늘날 우리는 역설적인 상황에 놓여 있다. 소통 채널과 기술은 그 어느 때보다 발달했지만, 진정한 경청의 순간은 오히려 줄어들었다. 무수한 정보와 자극 속에서 우리는 누군가의 말에 온전히 집중하는 능력을 잃어 가고 있는지도 모른다. 하지만 진정한 경청의 가치는 그 어느 때보다 중요해졌다. 복잡한 문제를 해결하고, 다양한 관점을 통합하며, 깊은 관계를 형성하려면 단순한 정보 교환이 아닌 진정한 이해가 필요하기 때문이다.

듣는 것은 단순한 기술이 아니라 상대를 존중하고 인정하는 깊은 태도다. '당신은 중요합니다'라는 무언의 메시지를 전달하는 가장 강력한 방법이다. 경청은 우리가 하는 행동을 넘어, 우리가 어떤 사람인지를 보여 준다.

다시 처음 질문으로 돌아가 보자. 우리는 정말 듣고 있는가, 아니면 듣는 척하고 있는가? 이 질문에 대한 답이 우리의 관계, 직업적 성공, 그리고 삶의 깊이를 결정짓는다.

듣는 척하지 말고 진짜 듣자. 그 작은 변화가 모든 관계를 바꾸는 시작점이 될 것이다. 진정한 경청은 상대방을 향한 가장 깊은 존중이며, 자신에게 줄 수 있는 가장 귀중한 선물이다.

오늘부터 당신의 대화에 작은 변화를 가져오라.

상대를 이해하려 듣는가,
반박하려 듣는가?

경청이란 재능보다 주의를, 자아보다 정신을, 자기 자신보다 타인을 우선하는 예술이다.

Listening is an art that requires attention over talent, spirit over ego, others over self.

— 딘 잭슨Dean Jackson

논쟁을 위한 대화, 대화를 위한 대화

우리는 매일 수많은 대화를 나눈다. 하지만 그 말들 속에서 과연 우리는 진정으로 듣고 있는가? 상대방의 의견을 흘려듣지 않고, 그들의 생각과 감정을 온전히 받아들이고 있는가?

깊이 들여다보면 놀라운 현실과 마주하게 된다. 우리는 귀만 열고 마음은 닫아 둔다. 상대의 말을 듣는 척하면서도, 속으로는 반박할 논리를 정리하고 자신의 입장을 굳히는 데 집중하고 있다.

중국의 철학자 장자는 이렇게 말했다. "귀로 듣지 말고 마음으로 들으라. 마음으로 듣지 말고 기로 들으라." 단순히 '소리'를 듣는 정도에서 멈추지 말라는 메시지다. 말의 겉뜻만이 아니라 그 속에 담긴 진정한 의미를 이해해야 한다는 가르침이다.

그러나 우리는 과연 그렇게 듣고 있는가? 상대의 말을 듣는 순간부터 이미 머릿속에서는 반론을 구성하고, 자신이 맞다는 확신을 굳히며, 다음에 무슨 말을 할지 준비하고 있지는 않은가? 듣고 있는 것처럼 보이지만 실상은 듣고 있지 않은 이 모순적인 태도에서 우리는 얼마나 많은 대화를 낭비하고 있을까?

누구나 자신의 생각과 감정을 제대로 이해받기를 원한다. 그런데 정작 우리는 상대를 이해하려고 하지는 않고 이해받는 것에만 집착한다. 모두가 이해받기를 원하면서도 상대를 이해하려는 노력은 부족한 이 역설적인 상황이야말로 수많은 소통 문제를 만들어 낸다.

한번 생각해 보자. 대화 중에 당신의 머릿속을 스치는 생각들은 어떤가? '이건 말이 안 되는데', '내가 알고 있는 것과 다른데', '내 차례가 오면 이렇게 말해야지'. 이런 생각들이 계속 떠오른다면 당신은 듣고 있지 않다. 단지 자신의 차례가 오기를 기다리고 있을 뿐이다.

대화와 논쟁은 비슷해 보이지만 그 본질은 전혀 다르다. 논쟁은 승리를 향해 나아가지만, 대화는 이해를 향해 나아간다. 논쟁할 때 우리는 상대를 이기려고 듣는다. 상대의 논리적 허점을 찾고, 그 약점을 파고들어 자신의 주장을 더욱 강하게 만들려 한다. 하지만 대화는 다르다. 대화의 목적은 상대를 꺾는 것이 아니라, 그의 생각과 감정을 이해하는 것이다. 대화에서는 약점을 찾는 대신, 상대의 경험과 사고방식을 탐색하며 공통점을 발견하려 한다.

예를 들어 보자. 한 부부가 휴가 계획을 논의하는 상황이다.

남편: 올해는 산으로 가면 어떨까?
아내: 바다가 더 좋을 것 같은데.

이때, 2가지 방식으로 대화가 이어질 수 있다.

논쟁하는 방식이라면, 남편이 "작년에도 바다에 갔잖아. 이번엔 내 차례야"라고 말할 것이다. 반면 대화하는 방식이라면 "바다를 선호하는 특별한 이유가 있어?"라고 물을 것이다.

논쟁에서는 각자 자신의 입장을 지키는 데 집중하며 '공정함'을 주장한다. 하지만 대화에서는 상대의 의견을 존중하고, 그 이유를 이해하려고 노력한다.

상대의 입장에서 세상을 바라보는 능력, 즉 상대의 세계로 들어가는 능력이 진정한 소통의 핵심이다. 심리학자 마셜 로젠버그는 그의 저서 『비폭력 대화』(한국NVC출판사, 2017)에서 공감적 듣기를 위한 4단계를 제안했다.

· 관찰observation — 판단 없이 있는 그대로의 사실 바라보기

- 감정 인식feelings — 상대와 자신의 감정 정확히 알아차리기
- 필요 파악needs — 감정 뒤에 숨겨진 진짜 욕구 이해하기
- 요청requests — 구체적이고 실행 가능한 방식으로 요구 전달
  하기

이 과정에서 가장 중요한 점은 상대의 말에 담긴 감정과 필요를 인식하는 것이다. 배우자가 다소 날카로운 목소리로 "왜 늦게 오는 거야?"라고 말했을 때, 우리는 이를 비난으로 받아들이고 즉각 방어적인 태도를 보이기 쉽다. '퇴근하자마자 바로 왔는데 왜 또 뭐라고 하는 거지?' 같은 생각을 할 수도 있다. 하지만 공감적 듣기를 한다면, 그 말에 숨겨진 감정을 먼저 읽을 것이다. '걱정돼서 그런 거구나. 내가 안전하다는 걸 알고 싶었던 거야.' 같은 말을 듣고도 어떻게 해석하느냐에 따라 반응은 완전히 달라진다. 상대의 말이 공격처럼 느껴질 때, 그 속에 감춰진 감정과 필요를 먼저 떠올려 보자. 비난이 아니라 관심과 걱정에서 나온 말일 가능성이 크다.

타자의 얼굴을 마주하기 위하여

질문은 단순한 대화 요소가 아니다. 어떤 질문을 던지느냐에 따라 대화의 깊이와 방향이 결정된다. 질문 하나로 대화가

더 깊어질 수도 있고, 반대로 피상적인 수준에서 끝날 수도 있다. 반박을 위한 질문과 이해를 위한 질문은 본질적으로 다르다. 반박을 위한 질문으로는 "그런 방식이 정말 효과적이라고 생각해?", "그걸 뒷받침할 증거가 있어?", "다른 사람들은 어떻게 생각하는데?" 등이 있다. 이런 질문들은 상대의 논리를 무너뜨리거나 자신의 입장이 더 우월함을 강조하는 데 초점을 맞춘다.

반면 이해를 위한 질문으로는 "그런 결론에 도달한 경험이나 이유가 있니?", "그 문제를 어떤 관점에서 바라보고 있어?", "좀 더 자세히 이야기해 줄 수 있을까?" 등이 있다. 이해를 위한 질문은 상대의 사고 과정을 탐색하고, 그들의 세계관을 이해하려는 진정한 호기심에서 비롯된다.

철학자 에마뉘엘 레비나스Emmanuel Levinas는 '타자의 얼굴과 마주하는 것'의 중요성을 강조했다. 그에 따르면, 진정한 윤리적 관계란 상대를 내 기준에 맞추려 하지 않고 그들이 나와 다른 존재임을 인정할 때 시작된다. 그는 이렇게 말했다. "타인의 얼굴을 마주할 때, 우리는 그를 소유하거나 통제할 수 없으며, 오직 응답할 책임만을 가진다."

이 말을 우리의 듣기 방식에 대입해 보자. 반박하려고 듣는 것은 상대를 나의 기준에 맞추려는 시도이며, 결국 그의 고유한 생각과 경험을 부정하는 행위다. 하지만 이해하려고 듣는 것은 레비나스가 말한 '타인에 대한 무한한 책임'의 실천이다. 즉, 상대의 독창적인 관점과 경험을 존중하고, 그에 진심으로 응답하는 태도인 것이다.

스스로에게 질문해 보자. 이해하고자 듣는가, 아니면 반박하고자 듣는가? 이 질문 하나가 대화 방식을 근본적으로 바꿀 것이다. 그리고 이는 타인을 대하는 우리의 윤리적 태도, 또한 우리가 어떤 사람이 되고자 하는가에 대한 근본적인 선택이기도 하다.

이해해 줄 것 같다는
느낌이 핵심이다

진정한 소통은 말의 전달이 아니라 마음의 연결이다. 이해받고 있다는 느낌이 없는 대화는 그저 소음일 뿐이다.

True communication is not the transmission of words, but the connection of hearts. A conversation without the feeling of being understood is merely noise.

– 레이첼 나오미 레멘Rachel Naomi Remen

싱가포르 창이 공항의 택시 운전사

진정한 소통은 말을 주고받는 것을 넘어선 마음의 연결이다. 단어를 나누는 정도로는 부족하며, 서로가 진심으로 이해받고 있다는 느낌이 있어야 한다. 이런 감각이 없는 대화는 그저 공허한 소음을 일으키는 행동에 불과하다. 소통은 정보 전달을 넘어 감정과 신뢰가 오가는 과정이다. 즉, 말의 내용보다는 그것이 어떻게 전달되고, 상대가 그것을 얼마나 진정성 있게 받아들이는가에 달려 있다.

몇 년 전, 싱가포르 창이 공항에서 시내로 향하던 길에 긴

비행 끝에 피곤한 몸을 이끌고 택시에 올랐다. 창밖으로 펼쳐진 야경을 바라보며 생각에 잠겨 있던 그때, 운전기사가 말을 걸었다. "여행객인가요?" 나는 "네, 출장 왔어요"라고 대답했다. 그러자 그는 조심스럽게 말을 이었다. "저는 원래 엔지니어였어요. 하지만 가족과 더 많은 시간을 보내려고 택시 운전을 시작했죠."

순간 놀랐다. 택시 기사와의 대화는 날씨나 교통 이야기에서 끝나는 것이 보통인데, 그는 솔직하게 자신의 이야기를 꺼냈다. 그 뒤 이어진 그의 한마디가 내 마음을 움직였다. "사람들은 자신이 진짜로 듣고 싶은 이야기를 쉽게 꺼내지 않아요. 하지만 때로는, 이 사람이 내 말을 이해해 줄 것 같다는 느낌이 들면 마음을 열고 싶어지죠." 그 순간 깨달았다. 신뢰란 말로 만들어지는 것이 아니라, '이 사람이 내 말을 이해할 것 같다'는 느낌에서 비롯된다는 것을.

우리는 좋은 소통이란 상대의 말을 잘 들어 주거나 논리적으로 설명하는 것이라고 생각한다. 하지만 진정한 소통은 기술이 아니라 신뢰를 형성하는 과정이다. 신뢰는 한순간에 형성되지 않는다. 우리가 주고받는 말 속에, 태도 속에, 작은 제스처 속에 차곡차곡 쌓여 만들어진다. 왜 어떤 사람과는 쉽게 대화가 되고, 어떤 사람과는 어색할까? 왜 어떤 상사에게는 고민을 털어놓을 수 있지만, 어떤 상사에게는 최소한의 말만 하게 될까? 이 차이는 '이 사람이 내 말을 진심으로 이해할 것 같다'는 신뢰감에서 생긴다.

상대방에게 신뢰를 주는 법

심리학자 브레네 브라운은 신뢰를 형성하는 핵심 요소로 '심리적 안전'을 강조했다. 즉, '이 사람이 나를 비판하지 않고 내 감정을 존중해 줄 것'이라는 확신이 있을 때 비로소 마음을 연다는 것이다. 그렇다면, 어떻게 상대방이 신뢰를 느끼게 할 수 있을까?

먼저, 판단하기 전에 공감해야 한다. 나는 2014년부터 인도 델리에서 작은 초등학교를 무상으로 운영하고 있는데, 그 과정에서 다양한 사람과 깊이 있는 대화를 나눌 기회가 많았다. 2019년, 어느 현지 청년과 정치 이야기를 나눈 적이 있다. 그는 자국의 정책에 대한 불만을 열정적으로 이야기했다. 그런데 나는 무심코 "하지만 그런 정책에도 그 나름의 이유가 있지 않을까?"라고 말하고 말았다. 순간 그의 얼굴이 굳어졌다. 그는 논리적인 반박이 아니라 감정적 인정을 원했던 것이다. 심리학자 에드거 샤인Edgar Schein은 이를 '겸손한 탐구humble inquiry'라고 불렀다. 설득하려 들지 말고 먼저 열린 마음으로 상대의 관점을 받아들여야 진정한 대화가 시작된다는 것이다.

자신의 취약함을 드러내는 것도 도움이 된다. 우리는 강한 모습을 보여야 신뢰를 얻을 수 있다고 생각하지만, 오히려 반대다. 하버드 대학교 경영 대학원의 에이미 에드먼슨Amy Edmondson 교수는 리더가 자신의 실수나 약점을 인정할 때 팀원들의 신뢰도가 급격히 상승한다는 연구 결과를 발표했다. 호주 멜버른에서 열린 커뮤니케이션 관련 비즈니스 세미나에서, 강연자가 무대에 올라와 "사실 저는 이 자리에 서기까지 수많은 실패를 경험했습니다"라고 말하는 순간 청중의 눈빛이 변하는 것을 본 적이 있다. 그는 자신의 약점을 먼저 드러냄으로써 청중이 '이 사람은 우리를 이해할 것 같다'는 느낌을 받도록 만들었다.

신뢰를 쌓는 사람들의 대화법

하버드 대학교 경영 대학원 교수 프랜시스 프라이Frances Frei는 신뢰를 '진정성', '논리', '공감'이라는 3가지 요소로 설명했다. 이 중 하나라도 부족하면 신뢰는 쉽게 무너진다. 진정성이 없으면 의도를 의심하고, 논리가 부족하면 능력을 의심하며, 공감이 없으면 우리가 그들을 진심으로 대하는지 의문을 갖는다. 그렇다면 어떻게 이 신뢰의 삼각형을 완성할 수 있을까?

첫째, 선입견을 내려놓고 질문해야 한다.

인도 바라나시의 갠지스강 기슭에서 만난 한 요가 선생님은 내게 의미심장한 말을 했다. "당신이 이미 알고 있다고 생각하는 순간, 배움은 멈춘다." 대화에서도 마찬가지다. 선입견을 가지고 대화를 시작하면 가능성은 한정될 수밖에 없다.

둘째, 취약성을 드러내야 한다.

완벽해 보이려 할수록 오히려 신뢰를 잃는다. 베트남에서 열린 한 학회에서, 나는 현지 시간과 한국 시간을 혼동하여 발표 시간을 착각해 30분이나 늦게 도착했고, 단상 위에서 그 사실을 솔직하게 털어놓았다. 그러자 다른 참가자들도 비슷한 어려움을 공유했고, 다행스럽게도 누그러진 분위기 속에서 발표를 할 수 있었다. 거짓된 완벽함은 신뢰를 만들지 못한다. 오히려 거리감을 만들 뿐이다.

셋째, 말과 행동이 일치해야 한다.

호주 시드니에서 한 레스토랑 웨이터가 생선 요리를 추천하며 내게 "정말 신선해요"라고 말한 적이 있다. 원산지를 묻자 웨이터는 잘 모른다고 솔직히 인정하고는, 주방에 다녀온 다음 정확한 정보를 전했다. 그 자리에서 어설프게 무마하려 들지 않아 오히려 신뢰가 갔다. UCLA의 명예 심리학 교수이자 심리학자인 앨버트 머레이비언 또한 말과 행동의 일치가 신뢰의 핵심이라고 말한다.

넷째, 경청은 단순한 침묵이 아니라 적극적인 행위여야 한다.

미국의 저명한 협상 전문가 윌리엄 유리William Ury는 중동 평화 협상 과정에서 경험한 이야기를 들려주었다. "가장 어려운 순간에 저는 단지 듣기만 했습니다. 모든 당사자가 완전히 말할 기회를 가질 때까지 기다렸고, 그러고 나자 대화가 전환점을 맞이했습니다." 진정한 경청은 상대의 말뿐 아니라 그 속에 담긴 감정과 의미까지 받아들이는 과정이다.

다섯째, 감정을 인정하고 공유해야 한다.

이탈리아 피렌체의 한 시장에서 만난 상인은 한참 흥정을 하던 도중에 "당신이 지금 얼마나 답답할지 나도 알고 있어요" 라고 말했다. 그 말 한마디가 거래를 넘어서는 신뢰를 형성했다. 그러한 감정적 연결이 신뢰의 가장 중요한 기반이다.

문화 인류학자 마거릿 미드Margaret Mead는 이렇게 말했다. "작은 생각을 가진 헌신적인 시민들의 모임이 세상을 변화시킬 수 있음을 의심하지 마라." 신뢰를 쌓는 소통은 그저 개인적인 관계를 개선하는 데 그치지 않는다. 그것은 사회와 문화, 인류의 미래를 결정짓는 근본적인 힘이다. 신뢰가 없는 사회는 오해와 단절로 가득 차지만, 신뢰가 자리 잡힌 사회는 협력과 이해가 흐르는 공간이 된다. 가정, 직장 그리고 속한 공동체에서 어떤 방식으로 소통하고 있는가? 상대방을 있는 그대로 받아들이고, 그들의 이야기에 귀 기울이며, 솔직한 모습을 보이고 있는가?

신뢰를 쌓는 대화법을 익히고 실천할 때, 더 나은 관계와 깊은 연결이 가능해진다. 그래야 더 나은 세상이 찾아올 것이다. 신뢰는 거창한 이념이 아니다. 앞서 살펴본 바와 같이 일상의 사소한 한마디, 한 번의 대화, 하나의 행동이다. 우리가 서로를 더욱 신뢰하며 대화를 나눌 때, 개인을 넘어 사회 전체가 변화한다. 신뢰가 만들어 내는 연결의 힘은 상상보다 훨씬 더 크다.

동조를 넘어서는
공감의 3원칙

> 진정한 공감이란 이해하는 것이다. 단순히 들어 주는 것이 아니라,
> 마음으로 듣고 마음으로 응답하는 것이다.
> True empathy is understanding. Not just listening, but
> hearing with the heart and responding with it.
>
> – 칼 로저스Carl Rogers

뉴욕의 어느 바리스타에게 배운 것

맨해튼의 아침은 언제나 숨 가쁘다. 거리는 빠르게 움직이는 사람들로 가득하고, 건널목 앞에서도 사람들은 휴대폰을 확인하거나 바쁜 걸음 속에서 커피를 한 모금씩 들이켠다. 나 역시 그 익숙한 흐름에 몸을 맡긴 채 스마트폰을 만지작거리며 익숙한 카페 문을 밀고 들어갔다. "다음 분 주문하세요." 바리스타의 목소리가 들려왔다. 늘 마시던 아메리카노를 주문했다. 습관적으로 커피를 받아 들고 출구로 향하려던 순간, 바리스타가 내 눈을 바라보며 뜻밖의 질문을 던졌다.

"오늘 기분은 어때요?"

순간 멈칫했다. 인사치레로 여길 수도 있었지만, 그날 아침은 유난히 정신이 없었다. 쏟아지는 이메일에 정신이 쏙 빠졌고, 출근길 지하철에서 겪은 작은 실랑이까지 머릿속을 맴돌았다. 하지만 그녀의 질문을 너무 깊게 생각하고 싶지 않아 그저 짧게 답했다. "그냥 그래요." 보통 이런 대화는 여기서 끝난다. 그러나 그녀는 내 표정을 잠시 바라보더니 잔잔한 목소리로 말했다. "괜찮아요. 오늘이 어떤 하루가 될지는 아직 모르니까요."

별것 아닌 말이지만 그 한마디가 마음 깊이 남았다. 그녀는 형식적으로 나의 기분에 '동조'한 것이 아니라, 내 감정을 읽고 반응한 것이다. "정말 힘드시겠어요"라거나 "오늘 진짜 피곤한 날이네요"라는 말로 맞장구칠 법도 한데 그녀는 그러지 않았다. 내 감정을 인정하면서도, 그 감정에 갇히지 않도록 조심스럽게 다른 시선을 제시했다.

우리는 상대방의 감정에 그대로 맞장구쳐 주는 게 공감이라고 생각하곤 한다. 누군가가 피곤하다고 하면 "나도 피곤해"라고 답하고, 힘들다고 하면 "맞아, 정말 힘든 날이야"라고 따라 한다. 하지만 이런 방식의 공감은 감정을 더 깊이 고착시키고, 해결책 없이 그 속에 머물게 만들 위험이 있다. 그러나 그 바리스타는 내 감정을 부정하지 않으면서도, 그것이 전부가 아님을 넌지시 상기시켜 주었다. 이것이 바로 '진정한 공감'과 '단순한 동조'의 차이다.

진정한 공감과 소통을 위한 3가지 핵심 원칙

영국의 저명한 심리학자 사이먼 배런코언Simon Baron-Cohen 은 『공감의 과학The Science of Evil』(Perseus Books Group, 2012)에서 "진정한 공감은 상대방의 감정을 인식하고 이해하는 것뿐만 아니라, 그 이해를 바탕으로 적절한 반응을 보이는 것까지 포함한다"고 설명한다. 즉, 공감은 감정을 거울처럼 반사하는 행위가 아니며, 상대의 감정을 이해하고 그에 맞는 반응을 보이는 능동적인 과정이라는 뜻이다. 바리스타의 짧은 한마디는 '당신의 감정을 이해하지만, 그 감정이 오늘 하루를 결정짓지는 않아요'라는 의미를 담고 있었다. 상대의 감정을 반복해 확인시키는 것이 아니라, 감정을 존중하면서도 한 걸음 더 나아갈 수 있도록 돕는 것. 그것이야말로 신뢰를 쌓는 대화의 방식이다.

심리학자 폴 블룸Paul Bloom은 그의 저서 『공감의 배신Against Empathy』(시공사, 2019)에서 감정에 동조하기만 하는 행위는 오히려 합리적인 판단을 방해할 수 있다고 주장한다. 예를 들어, A가 "오늘 비가 와서 우울해"라고 말했을 때 B가 "그러게, 나도 너무 우울해"라고 답하는 행위는 단순한 동조이며 A에게 별 도움이 되지 않는다. 하지만 "비 오는 날이면 왠지 기분이 가라앉지. 무슨 일 있었어?"라고 묻는 순간, 대화는 깊어지고 진정한 공감이 시작된다.

그렇다면 어떻게 해야 진정한 공감을 실천할 수 있을까?

첫째, 감정을 수용하되 그대로 반응하지 않는다.

상대방과 동일한 감정을 느낀다고 해서 공감이 아니다. 진정한 공감은 상대의 감정을 인정하면서도 거기에 휩쓸리지 않고 균형을 유지하는 것이다. 세계적 영적 지도자 틱낫한Thich Nhat Hanh은 "진정한 경청은 그저 다른 사람의 말을 듣는 것이 아니라, 그 사람의 고통을 내 것처럼 느끼면서도 동시에 그것에 압도되지 않는 균형을 유지하는 것"이라고 말했다. 여기서 주목할 부분은 '균형'이다. 친구가 "정말 힘들어. 더 이상 버틸 자신이 없어"라고 말할 때, 단순히 "나도 그래. 우리 인생 정말 힘들다"라고 답한다면 그저 감정의 공명을 일으킬 뿐이다. 하지만 "네가 그렇게 느끼는 게 이해돼. 어떤 점이 가장 힘든 것 같아?"라고 물으면, 상대방의 감정을 인정하면서도 그 감정이 곧 전부가 아니라는 점을 조심스럽게 시사할 수 있다. 이를 통해 상대가 스스로 감정을 정리하고, 해결책을 찾을 기회를 가질 수 있도록 돕는 것이다.

둘째, 해결하려 하지 말고 먼저 들어라.

우리는 상대방이 고민을 이야기하면 해결책을 찾아 줘야 한다고 생각한다. 하지만 문제를 해결하려 들지 말고 상대방이 자신의 감정을 충분히 표현할 기회를 주는 것만으로도 충분하다. 틱낫한은 그의 저서 『모든 발걸음마다 평화Peace Is Every Step』
(불광출판사, 2021)에서 '마음챙김 듣기mindful listening'라는 개념을
설명하며 "우리는 말이 아니라, 상대방의 고통을 들어야 한다"
라고 강조했다. 핵심은 상대방의 말뿐만 아니라, 그 말에 담긴
감정과 욕구까지도 알아차려야 한다는 점이다. 그저 자신의 감
정을 이해받고자 말을 꺼내는 사람도 많다. 이때 즉각적인 해결
책을 제시하면 오히려 상대방의 감정을 가볍게 여기는 듯한 오
해를 초래할 수 있다.

셋째, 말보다 태도가 중요하다.

우리는 종종 말의 내용에만 집중하지만, 사실 상대방에게
전달되는 감정의 상당 부분은 우리의 태도에서 비롯된다. 뉴욕
의 카페에서 바리스타가 던진 말이 위로가 된 것은, 그녀의 따뜻
한 미소와 부드러운 목소리 때문이기도 했다. 그렇기에 진정한
공감은 언어적 표현을 넘어, 상대방에게 전하는 태도와 에너지
를 포함해야 한다.

결국 진정한 소통이란 단순히 말을 주고받는 행위가 아니
다. 상대의 감정을 인정하고, 충분히 들어 주며, 따뜻한 태도로
반응하는 과정이다. 우리는 공감한다고 말하면서도 정작 내가
떠올린 해결책을 강요하거나 형식적인 반응을 보일 때가 많다.

하지만 진정한 공감은 지속적인 관심과 이해가 뒷받침될 때에야 비로소 이루어진다.

소통은 서로의 내면을 이해하려는 의지와 노력의 결과다. 일상의 작은 대화에서부터도 시작할 수 있다. 오늘도 어딘가에서 누군가는 "그냥 그래요"라고 말하고 있을 것이다. 그 한마디 속에 숨겨진 감정을 알아차리고 단순한 동조가 아닌 진정한 공감으로 응답한다면, 우리는 소통을 통해 서로에게 위로가 될 수 있다. 공감은 상대의 감정을 거울처럼 반사하는 행동이 아니라, 마치 창문을 열어 주듯 새로운 가능성을 보여 주는 희망이다. 그러한 과정을 거쳐 우리는 더욱 깊이 연결되고 진정한 소통의 아름다움을 경험할 수 있을 것이다.

4장

진정한 소통의 완성,
침묵

침묵은 단절이 아니라 메시지다

침묵은 때때로 가장 강력한 대답이다.

Silence is sometimes the most powerful answer.

– **달라이 라마**Dalai Lama

말하지 않아도 알게 되는 것

침묵은 단절이 아니라 강력한 메시지다. 인도 리시케시에 위치한 '요가 니케탄'이라는 아쉬람(수행을 하는, 인도의 전통적인 암자 시설)에서 며칠을 보내면서 이를 깨달았다. 요가와 명상으로 유명한 곳이지만, 그곳에서 가장 인상 깊었던 것은 침묵의 힘이다.

그곳에는 '침묵 서약'이라는 규칙이 있었다. 하루 동안 말을 하지 않고 스스로를 들여다봐야 했다. 처음에는 불안하고 초조했다. 평소 말을 많이 하는 편인 내겐 익숙하지 않은 경험이었다. 하지만 시간이 지나면서 신기한 변화가 일어났다. 말이라는 도구가 사라지자 다른 감각들이 더 예민하게 깨어나기 시작했다. 사람들은 눈빛과 몸짓, 손 글씨 몇 줄로 의사를 표현했고, 그런 비언어적 교감이 오히려 더 깊고 진하게 느껴졌다. 상대의 작은 손짓 하나에도 감정이 담겨 있음을 알게 되었고, 침묵 속에서도 많은 이야기가 오갈 수 있음을 깨달았다.

침묵은 단절이 아닌 소통의 수단

음악에서 쉼표는 공백이 아니라 멜로디의 흐름을 조절하고 감정을 강조하는 중요한 요소이듯, 침묵 또한 소통에 필수적이다. 하지만 현대 사회에서 침묵은 종종 어색함이나 거리감의 표현으로 오해된다. 대화 중 말이 끊기면 불편하고, 답장이 늦어지면 관계가 소원해졌다고 생각한다. 그러나 침묵이 반드시 단절을 의미하지는 않는다. 오히려 더 많은 의미를 전달할 수 있는 강력한 도구이며, 적절히 활용하면 말보다 더 깊은 이해와 공감을 이끌어 낼 수 있다. 침묵을 두려워하지 않고 그 안에 담긴 의미를 읽어 내는 법을 배워야 한다.

일본 문화에는 '하루間'라는 개념이 존재하는데, 이는 사회적 관계에서 중요한 역할을 한다. 특히 대화에서 '하루'는 의미 없는 침묵이 아니라 상대의 말을 깊이 음미하고 존중하는 태도로 해석된다. 상대의 말이 머릿속에서 충분히 울려 퍼지고 가슴에 스며들 시간을 주는 과정이다. 일본 전통에서는 상대의 말을 충분히 소화한 뒤 응답하는 것이 자연스럽게 여겨지며, 이는 더 깊은 이해와 신뢰를 형성하는 데 기여한다.

애플의 창업자 스티브 잡스Steve Jobs는 프레젠테이션에서 침묵을 전략적으로 활용한 대표적인 인물이다. 그는 청중의 기대감을 끌어 올리고 메시지에 무게감을 더하는 수단으로 침묵을 사용했다. 중요한 메시지를 전할 때 그는 일부러 말을 멈추고 잠시 청중을 바라보았다. 그러면 모두가 그의 다음 말을 기다리며 집중했고, 그의 메시지는 더욱 강렬하게 전달되었다. 몇 초간의 침묵이 청중을 집중시키고 분위기를 고조시킨 것이다. 이러한 기법으로 애플의 프레젠테이션은 하나의 공연처럼 여겨졌고, 그의 말 한마디 한마디는 더욱 인상적으로 각인되었다.

가까운 관계에서도 침묵의 가치를 경험할 수 있다. 두 사람이 조용히 커피를 마시며 같은 풍경을 바라볼 때, 그 침묵에는 깊은 교감이 흐른다. 오랜 부부가 말없이 식사를 나누는 순간에도 언어 없는 깊은 이해가 존재한다. 진정한 관계에서는 불필요한 말이 사라지고 침묵만이 남으며 사람들은 그 안에서 안정감과 신뢰를 느낀다. 함께 여행을 떠난 친구들과 멋진 일몰을 바라보며 아무 말도 하지 않는 순간, 연인들이 밤하늘의 별을 바라보며 침묵을 나누는 순간에는 말보다 더 깊은 공감과 연결이 담겨있다.

침묵이 말하는 바를 놓치지 마라

어떻게 침묵을 소통의 방식으로 활용할 수 있을까?

먼저, 적절한 침묵을 유지하는 연습이 필요하다.

현대 사회는 끊임없는 자극과 소음으로 가득 차 있다. 스마트폰 알림, 배경 음악, 쉴 새 없는 대화 속에서 침묵의 가치는 더욱 빛난다. 불필요한 말을 줄이고, 상대가 충분히 표현할 시간을 주는 것만으로도 소통의 질이 달라진다. 상대의 말을 듣고 여유 있게 생각한 후 응답하라.

침묵 속 감정을 읽으려는 노력도 해야 한다.

누군가가 아무 말 없이 있을 때 그 침묵이 의미하는 바를 이해해야 한다. 그 사람은 깊은 생각 중일 수도 있고, 감정을 정리하고 있을 수도 있으며, 휴식을 취하는 것일 수도 있다. 침묵이 주는 신호를 정확히 포착하고 그 의미를 헤아릴 때 상대를 더 깊이 이해할 수 있다.

침묵은 감정이 격할 때 더 빛을 발한다. 논쟁 중일 때 침묵은 불필요한 갈등을 피하고 감정을 가라앉힐 시간을 제공한다.

한 박자 쉬고 나면 보다 이성적으로 상황을 바라볼 수 있다.

명상과 마음챙김에서도 침묵의 가치는 분명하게 드러난다. 명상은 내면의 소음을 줄이고, 현재를 경험하는 연습이다. 우리는 하루에도 수없이 많은 말과 정보를 접하며 살아간다. 그러나 정작 진짜 중요한 것은 듣지 못할 때가 많다. 침묵은 이러한 소음 속에서 우리를 다시 중심으로 돌려놓는다. 침묵 속에서 우리는 떠오르는 생각들을 관찰하고, 스스로에게 가장 솔직한 질문을 던지며 자신과 소통할 수 있다.

결국 소통이란 언제 말하고 언제 침묵할지를 아는 것이다. 말이 없어도 많은 메시지를 전할 수 있다. 침묵에 담긴 정보를 이해하고 소통의 도구로 삼아야 한다.

때로는 의도적인 침묵이야말로 가장 진실된 소통이다. 침묵은 말로 다 담아낼 수 없는 감정, 설명하기 어려운 순간을 모두 포괄한다. 우리는 침묵을 두려워할 필요가 없다. 오히려 하루에 10분이라도 의도적으로 침묵해 보는 건 어떨까? 스마트폰을 멀리하고, 알람을 끄고, 그저 자신의 호흡과 생각에 집중하는 시간. 그 작은 실천이 우리의 소통 방식을 풍요롭게 변화시킬 수 있다.

말하지 않으면서 말하는 기술

침묵은 때로 말보다 더 큰 울림을 준다.
Silence often speaks louder than words.

– **토머스 칼라일**Thomas Carlyle

늦여름 상하이, 침묵 속의 동행길

상하이의 늦여름은 후덥지근하다가도 갑자기 비가 내려 날씨 예측이 어렵다. 상하이 국제 도서전의 마지막 날, 나는 강연을 마친 후 도시의 인파 속으로 들어섰다. 쏟아지는 비 앞에서 우산 없이 서 있던 내 어깨 위로 우산 반쪽이 조용히 드리워졌다. 고개를 돌려 보니 한 중년 남성이 자신의 우산 절반을 내게 씌워 주고 있었다. 우리는 이름도 묻지 않은 채 몇 미터를 함께 걸었고, 그는 어느 모퉁이에서 말없이 방향을 틀어 사라졌다. 그 침묵 속의 동행은 수년이 지난 지금까지 마음에 따뜻하고 깊은 기억으로 남아 있다.

우리는 손을 들고 질문해 의견을 제시하는, 눈에 보이는 참여만을 진짜 소통으로 여긴다. 하지만 말의 양이 이해의 깊이를 보장하지는 않는다. 진짜 소통은 말의 많고 적음이 아니라 같은 방향을 바라보며 세상을 함께 해석하는 데 있다. 말이 오가기 전, 또는 더 이상 필요하지 않은 그 순간, 우리가 같은 장면을 바라보고 있다는 감각 속에서 비로소 연결은 시작된다. 상대방의 말에 무엇이라 답했는지가 아니라, 그 말이 건드린 세계를 함께 어떻게 바라보았는가가 소통의 본질이다. 말하지 않아도 느껴지는 공감, 설명 없이도 전해지는 시선이야말로 진짜 소통이다.

소통은 말하는 기술이 아니라 '세상을 함께 바라보는 태도'이며, 그것은 때로 침묵 속에서 가장 명확하게 드러난다. 나란히 앉아 같은 곳을 바라보며 조용히 존재할 수 있을 때, 우리는 가장 인간적인 이해와 관계의 시작점에 서게 된다. 그럼에도 우리는 침묵을 불편함이나 회피로 해석하곤 한다. 대화가 멈춘 것처럼 느껴질 수도 있지만, 사실 침묵은 단지 말이 없는 상태가 아니라 수많은 감정과 해석이 오가는 공간이기도 한다. 어떤 침묵은 상대의 이야기를 진심으로 받아들이려는 여백이고, 어떤 침묵은 말보다 더 선명하게 감정을 전한다. 우리는 말을 멈추었을 때 오히려 더 민감하게 서로의 눈빛, 호흡, 분위기를 느낀다.

조직 문화나 리더십을 다룰 때도 침묵은 종종 무반응으로 오해받는다. 그러나 진정한 리더는 침묵 속에서도 의미 있는 메시지를 들을 줄 안다. 아무 말 없이 고개를 끄덕이는 동료, 판단 없이 끝까지 들어 주는 상사, 말없이 곁에 있는 친구, 그들은 모두 이렇게 말하고 있다. '나는 여기 있으며, 당신을 온전히 보고 있다.' 그러므로 침묵은 회피가 아니다. 말로 담기 어려운 감정을 위한 공간이자, 관계를 위한 열린 창이다.

사이가 있어야 소리가 흐른다

아이오와 대학교The University of Iowa에서 포토저널리즘을 공부하던 시절, 캠퍼스를 가로지르던 아이오와강을 자주 찾았다. 과제 사진을 찍는다는 것이 명분이었지만 실제로는 카메라를 든 채 그저 몇 시간이고 머물고는 했다. 나는 그 장면을 바라보는 데 익숙해졌다. 청둥오리가 물살을 가르며 지나가는 리듬, 햇살에 흔들리는 갈대, 벤치에 앉은 연인의 손짓……. 그것들을 카메라보다 먼저 마음에 담았다. 그 순간을 온전히 느끼고 이해하는 데는 셔터조차 방해일 수 있다는 것을, 사진은 셔터를 누르는 기술이 아니라 얼마나 깊이 관찰하고 존중할 수 있는가의 문제라는 것을 알았다. 침묵은 단순한 방관이 아니라 장면이 말하도록 기다려 주는 태도였다.

침묵은 관찰과 공감의 가장 순수한 준비다. 말을 줄이고 감각을 열면 그것을 셔터로, 때로는 마음으로 기록할 수 있다. 어떤 소통은 단지 조용히 지켜보기만 해도 가능하다. 심리학에서는 이를 '관객 효과audience effect'라고 한다. 사람은 단지 누군가가 자신을 지켜보고 있다는 사실만으로도 말투, 자세, 결정이 달라진다. 공연장에서 수천 명의 관객이 조용히 무대를 바라볼 때, 아티스트는 그 침묵 안에서 말로 표현할 수 없는 힘을 느낀다. 팬들이 소리 내어 환호하지 않아도 침묵 안에서 감정으로, 시선으로, 존재로 연결되어 있다.

우리가 종종 간과하는 점은, 반드시 행동으로 소통해야 한다는 법은 없다는 것이다. 침묵은 무기력이 아니라 정서적 응답의 한 형태다. 우리는 말하지 않고도 관계에 기여할 수 있고, 함께 바라보는 것만으로도 소통의 중심에 설 수 있다.

한 시인은 말한다. "사이가 있어야 소리가 흐른다." 프랑스 철학자 뤽 페리Luc Ferry는 "인간관계의 본질은 완벽한 이해나 일치가 아닌, 오해와 침묵조차 품어 낼 수 있는 관계"라고 말한다. 그의 통찰은 갈등이나 침묵을 회피하는 태도가 아니라, 그 속에서도 연결을 지속하려는 노력이 관계를 성숙하게 만든다는 점을 보여 준다. 우리는 말이 막히는 순간을 실패로 여길 때가 많지만, 그 순간이야말로 관계가 더 깊어질 수 있는 여백이다. 누군가의 침묵을 견디고 기다리는 일은 소통의 가장 성숙한 방식이다. 우리는 말없이 함께 바라보는 것만으로도 연결될 수 있다.

말없이 충만했던 시간을 기억하라

《하버드 비즈니스 리뷰Harvard Business Review》의 기고가이자 기업 컨설턴트인 낸시 클라인Nancy Kline은 '사고 환경'이라는 개념을 통해 이렇게 말했다. "우리가 누군가에게 진정으로 생각할 공간을 줄 때, 그는 가장 깊은 이야기를 꺼내게 된다." 그 공간은 조용함 속에서 형성되며, 그 조용함이 사람으로 하여금 자기 속 깊은 내면의 진실을 마주하게 한다. 리더십이나 조직 내 소통뿐만 아니라 친구, 연인, 가족 간의 관계에서도 마찬가지다. 우리는 모두 말하고 싶은 욕망만큼, 말하지 않아도 되는 안전한 공간을 갈망한다. 그저 곁에서 들어 주는 누군가가 있을 때 말은 더 자연스럽고 진실하게 흘러나온다. 침묵은 권위가 아닌 배려이며, 말보다 더 깊은 지지일 수 있다.

말하지 않음으로써 기다릴 줄 아는 사람, 바로 그런 사람이 타인의 마음을 움직인다. 지금 우리에게 필요한 질문은 더 이상 '얼마나 말하고 있는가?'가 아니다. 진짜로 물어야 할 질문은 '얼마나 잘 들어 주고 있는가?'이다.

소통은 말이 아니라 마음을 믿는 일이다. 우리는 말없이도 충만했던 시간을 오히려 깊이 기억하기도 한다. 침묵이 메시지가 될 수 있다는 진실을 받아들일 때, 비로소 더 깊고 풍요로운 소통의 세계로 들어설 준비가 된 것이다.

적절한 침묵이 관계를 바꾼다

침묵은 대화의 위대한 예술 중 하나다. 침묵은 결코 당신을 배신하지 않는다.

Silence is one of the great arts of conversation. Silence never betrays you.

— **해나 모어**Hannah More

침묵이 우리를 도와줄 거야

2018년, 태국 치앙라이의 탐루앙 동굴에서 열두 명의 축구팀 소년들과 그들의 코치가 갇히는 사고가 발생했다. 전 세계가 구조 작업을 지켜보는 가운데, 어둡고 차가운 동굴 속에서 아이들을 지킨 것은 다름 아닌 침묵 속에서 전해진 코치의 평온함이었다. 소년들을 지도하던 에까쁜 찬따윙 코치는 전직 불교 승려였다. 그는 사원에서 10년 동안 명상을 수련한 경험이 있었고, 그 지식을 활용해 불안과 공포에 떠는 아이들을 진정시켰다.

그는 아이들에게 말했다. "눈을 감고, 호흡에 집중하자. 숨을 깊이 들이마시고 내쉬어. 말이 필요 없을 땐 침묵이 우리를 도와줄 거야." 어떤 말도 위로가 되지 않는 상황에서 그는 아이들과 함께 호흡하며 기다렸다. 침묵과 명상은 절망을 견딜 힘을 주었고, 공포 속에서도 아이들은 코치의 차분한 태도를 보며 안정감을 찾았다.

독일의 철학자 마르틴 하이데거Martin Heidegger는 "언어는 존재의 집"이라고 말했다. 그렇다면 침묵은 그 집의 기초를 이루는 지반이라고 볼 수 있다. 말이 표현의 도구라면, 침묵은 이해의 도구다.

말보다 강력한 소통의 도구, 침묵

대개 말을 통해 관계를 형성한다고 생각하지만, 때로는 적절한 침묵이 말보다 더 강력한 소통의 도구가 된다. 현대 사회에서 우리는 소통해야 한다는 압박을 끊임없이 느낀다. SNS는 항상 무언가를 공유하고 이야기해야 한다는 착각을 불러일으키고, 깊은 관계 형성에 필요한 침묵의 가치는 점차 잊혀진다. 심리학자 알프레트 아들러Alfred Adler는 "공감은 다른 사람의 눈으로 보고, 다른 사람의 귀로 듣고, 다른 사람의 마음으로 느끼는 것이다"라고 말했다. 우리가 침묵 속에서 진정한 관심을 보일 때, 상대는 안전함과 신뢰를 느낀다.

심리학자 존 가트먼은 오래 지속되는 부부 관계에서 중요한 요소는 '긍정적인 상호 작용'과 '효과적인 의사소통'이라고 주장했다. 이때 침묵은 감정적으로 거리를 두려는 수단이 아닌, 서로를 더 깊이 이해하려는 수단으로 활용되어야 한다. 가트먼의 연구에 따르면, 관계에서 가장 해로운 패턴은 대화 중에 감정적으로 관계를 철회하거나 대화를 피하는 행동이다. 어떤 부부는 갈등이 있을 때 감정을 정리하고자 잠시 침묵하고, 이후 대화를 이어 간다. 반면 어떤 부부는 침묵을 벽처럼 쌓아 올려 감정을 억누른다. 상대방의 말을 충분히 듣고, 감정을 정리하고, 깊이 이해하는 시간으로 침묵을 이용할 때 관계는 건강해진다.

중국의 철학자 노자는 "아는 자는 말하지 않고, 말하는 자는 알지 못한다"고 했다. 이 말은 깊이 새겨들을 가치가 있다. 특히 기업에서는 '말을 많이 하는 것'이 곧 능력으로 받아들여지고는 하는데, 정말 그런지 재고해 보아야 한다. 실리콘밸리의 전설적인 벤처 투자자 벤 호로위츠Ben Horowitz는 저서 『하드씽The Hard Thing About Hard Things』(한국경제신문, 2021)에서 "최고의 리더는 모든 것을 알고 있는 사람이 아니라, 언제 듣고 언제 말해야 할지 아는 사람"이라고 강조했다. 침묵을 잘 활용하는 리더는 팀원들이 자유롭게 의견을 표현할 수 있는 분위기를 조성하고, 그 과정에서 더 창의적인 아이디어가 탄생하도록 돕는다.

우리는 종종 힘든 일을 겪은 친구에게 위로의 말을 해야 한다는 부담을 느낀다. 하지만 연구에 따르면, 많은 말을 건네는 것보다 조용히 곁을 지켜 줄 때 더 큰 위로가 된다고 한다.

적절한 침묵이 없다면 우리의 대화는 의미 없는 소음이 될 뿐이다. 불필요한 말을 줄이고 상대방의 말을 끝까지 들으라. 때로는 침묵이 더 큰 의미를 전달할 수 있음을 기억하라. 그러면 관계가 달라지고, 소통이 깊어지는 변화를 경험하게 될 것이다.

일상의 작은 순간, 침묵이 필요한 순간을 놓치지 말자. 침묵은 단절이 아닌, 연결의 시작이기 때문이다.

말을 줄이고
의미를 키우는 법

> 말은 침묵이라는 토양 위에서 비로소 진가를 발휘한다.
> The value of speech appears most clearly against the background of silence.
>
> – 막스 피카르트Max Picard

말하지 않고 어떻게 연극을 하지?

뉴욕 브로드웨이는 공연 예술의 중심지다. 화려한 뮤지컬부터 실험적인 연극까지, 수많은 공연이 매일 무대에 오른다. 커뮤니케이션을 전공하던 대학 시절, 나는 경험 삼아서, 그리고 인턴 학습으로 브로드웨이 즉흥 연극에 참여하게 되었다. 즉흥 연극은 대본 없이 무대 위에서 즉석으로 상황을 만드는 연극이다. 배우들은 서로 대사와 반응을 주고받으며 장면을 구성한다.

워크숍의 강사는 나를 포함한 수강생들을 바라보며 말했다. "연기에서 가장 중요한 것은 말이 아닙니다. 가장 중요한 것은 '상대에게 공간을 주는 것'입니다." 우리는 짝을 지어 즉흥적으로 상황을 만드는 연습을 시작했다. 내 역할은 손님, 상대 배우는 카페의 점원이었다. 내가 상대에게 이런저런 말을 하는데, 강사가 나를 멈춰 세웠다. "너무 말을 많이 하고 있군요. 이번엔 침묵을 활용해 보세요."

당황스러웠다. 즉흥 연극에서 말을 하지 않는다면 대체 어떻게 장면을 이끌어 가야 할까? 하지만 다시 시도해 보니 놀라운 일이 벌어졌다. 내가 침묵하자, 상대 배우가 자연스럽게 대화를 이어 갔다. 내가 말을 줄이자, 상대 배우의 표정과 몸짓이 더욱 두드러졌다.

그날 이후, 나는 일상에서도 이 원칙을 적용했다. 너무 빨리 반응하려 하지 않고 상대방이 충분히 말할 수 있도록 기다렸다. 그 결과 대화는 더 깊어졌고 상대방의 감정을 잘 이해할 수 있게 되었다. 소통은 '내가 얼마나 많이 말했는가'가 아니라, '내가 얼마나 의미 있게 침묵할 수 있는가'에 완성된다는 사실을 깨달았다.

의미 없는 말, 의미 있는 침묵

우리는 끊임없이 정보를 소비하고 말을 쏟아 내지만, 정작 의미 있는 말은 별로 하지 않는다. 하고 싶은 얘기가 너무 많아서 열심히 말했는데, 결국 아무 말도 하지 않은 것 같은 기분을 느껴 본 적 있는가? 소통의 핵심은 '얼마나 말했는가'가 아니라, '어떤 순간에 무엇을 남겼는가'이다.

많은 위대한 리더가 침묵의 힘을 이해하고 활용했다. 오프라 윈프리Oprah Winfrey는 인터뷰에서 상대가 충분히 말할 시간을 갖도록, 질문한 후 긴 침묵을 유지한다. 그녀의 인터뷰가 깊이 있고 감동적인 이유는 바로 이 침묵의 순간을 두려워하지 않는 용기에 있다. 윈프리에게 침묵은 단순한 공백이 아니라 메시지를 더욱 강하게 만드는 장치다. 이처럼 노련한 방송인들은 침묵의 힘을 알고 전략적으로 활용한다. 대화의 질은 말의 양이 아니라 그 말이 전달되는 방식과 타이밍에 달려 있다.

세계적인 지휘자 리카르도 무티Riccardo Muti는 "음악에서 가장 중요한 것은 소리 사이의 침묵"이라고 말했다. 그에 따르면 음표와 음표 사이의 간격, 즉 침묵이 없다면 음악은 소음에 불과하다. 대화도 마찬가지다. 말과 말 사이에 적절한 침묵이 없다면 대화는 의미 없는 소리의 연속일 뿐이다. 무티는 오케스트라를 지휘할 때 종종 손을 완전히 멈추고 음악이 스스로 흐르는 순간을 만든다. 그럼 연주자들은 서로의 연주에 더욱 집중하고, 음악은 풍부해진다. 마찬가지로 상대방이 자신의 생각을 충분히 표현할 수 있는 공간을 제공할 때, 대화는 더욱 깊고 풍성해진다.

노벨 문학상 수상자 헤르만 헤세Hermann Hesse는 "진정한 지혜는 말이 아닌 침묵 속에서 시작된다"고 말하며, 침묵의 중요성을 강조했다. 그의 소설 『데미안Demian』에서도 주인공은 침묵속에서 중요한 깨달음을 경험한다. 이는 외부의 소음뿐만 아니라 내면의 소리를 잠시 멈추는 일의 필요성을 보여 준다. 헤세의 관점에서 침묵은 그저 말을 하지 않는 상태가 아니라, 상대방의 말을 더 깊이 이해하고, 자신의 응답을 더 신중하게 준비하는 적극적인 과정이다. 이러한 깊은 경청과 신중한 반응은 대화의 질을 높이는 데 기여한다.

말을 줄이고 의미를 키우는 3가지 방법을 살펴보자.

첫째, '말하기'보다 '기다리기'에 중점을 두자.

많은 사람이 대화 중에 상대의 말을 끊고 자신의 생각을 말할 준비를 한다. 하지만 상대의 말을 끝까지 듣고 의도적으로 3초간 침묵해 보라. 이 짧은 순간이 대화의 질을 완전히 바꾼다. 그 시간을 통해 상대방의 말을 더 깊이 이해할 수 있고, 더 신중하고 의미 있는 대답을 할 수 있다. 기억하라. 언어의 속도가 아니라 깊이가 진정한 소통을 결정한다.

둘째, 침묵을 전략적으로 활용하자.

감정이 격해진 논쟁에서는 즉시 반응하지 말고 한 박자 쉬어라. 중요한 말을 하기 전에는 의도적으로 짧은 침묵을 두어 상대방의 주의를 끌고 메시지의 중요성을 강조하자. 또한 듣는 동안 "아, 네네, 맞아요" 같은 불필요한 반응을 줄이고, 상대의 말을 온전히 받아들이는 것도 중요하다. 이러한 작은 변화만으로도 대화의 질은 달라진다. 침묵은 단순한 공백이 아니라 대화를 풍요롭게 만드는 적극적인 요소임을 기억하자.

셋째, 필요한 순간에만 말하자.

침묵이 필요한 순간을 인지하는 것에서부터 시작하라. 좋은 대화는 '말하는 기술'이 아니라, '적절한 순간에 말을 멈추는 능력'에서 나온다. 의미 없이 반복되는 이야기나 공허한 말을 줄이고, 핵심적인 내용만 전달하라. 말을 적게 하는 것이 아니라 의미 있는 말만 남기는 것이 목표가 되어야 한다. 자신의 대화 패턴을 인식하고, 의식적으로 불필요한 말을 걸러 내는 훈련이 필요하다. 말의 양을 줄이는 만큼, 남은 말의 가치는 커진다.

영국의 언어 심리학자 엘리자베스 스토코Elizabeth Stokoe는 수천 개의 실제 대화를 분석한 연구에서 "의미 있는 침묵은 대화의 전환점이 될 수 있다"고 밝혔다. 그녀는 침묵이 대화의 흐름을 조절하고 관계를 형성하는 중요한 요소임을 강조했다. 스토키의 연구에 따르면, 상대방이 불편한 발언을 했을 때 즉각 반응하는 대신 잠시 침묵을 유지함으로써 상대가 자신의 실수를 인식하고 수정할 기회를 제공할 수 있다. 이처럼 전략적 침묵은 상대방의 발언을 더 깊이 이해하고 자신의 응답을 신중하게 준비하게 해주는, 대화의 질과 방향을 변화시키는 적극적인 소통 도구다.

우리는 얼마나 많은 말을 했는지가 아니라, 얼마나 의미 있게 침묵했는지에 의해 기억될 것이다. 이제 스스로에게 질문을 던져 보자.

'언제 어떻게 침묵할 것인가?'

적절한 때, 적절한 말

간결함은 지혜의 영혼이다.
Brevity is the soul of wit.

– 윌리엄 셰익스피어William Shakespeare

소통의 본질은 타이밍과 맥락

디지털 시대는 말의 수를 기하급수적으로 늘려 놓았다. 하루에도 수백 개의 메시지가 오가고, 끊임없이 갱신되는 SNS 피드는 우리를 말의 홍수 속에 잠기게 한다. 그러나 말이 많아질수록, 필요한 말을 정확히 할 줄 아는 사람만이 신뢰를 받는다. 많은 말은 소음을 만들고 필요한 말은 울림을 만든다. 전자는 귀를 스치고 후자는 가슴에 남는다. 흔히 말을 잘해야 소통 능력이 있다고 착각하지만, 소통의 본질은 타이밍과 맥락이다. 소통을 잘하는 사람은 언제 침묵하고 언제 말해야 할지를 정확히 구분하며, 그러한 능력은 자기 인식과 타인에 대한 깊은 이해에서 비롯된다.

호주 남부의 도시 애들레이드에서 만난 헨리는 자신을 '말 수 없는 세일즈맨'이라 소개했지만, 그는 늘 고객과 깊은 관계를 맺었고 계약 성사율도 높았다. 비결을 묻자 그는 이렇게 대답했다. "나는 고객이 침묵할 때 말을 하지 않아. 그 대신 그 침묵이 무엇을 뜻하는지를 헤아려. 그리고 딱 한마디를 던져. '무엇이 불편하셨나요?'" 이 한 문장은 단번에 고객의 마음을 열고, 방어를 무력화시켰다. 줄인 말만큼 한 단어 한 단어에 힘이 실렸다. 마치 불필요한 돌을 깎아 내어 본질만 남기는 조각가의 손길처럼. 그의 말은 날카롭고 정확하게 가슴에 닿았다.

인간관계 연구에 따르면 말의 타이밍은 관계의 깊이와 밀접하게 연관되어 있다. 정서적 유대는 말의 양이 아니라 말의 순간과 맥락에 의해 강화된다. 갈등이 발생하거나 감정이 흔들릴 때, 즉각적인 반응보다 침묵을 견디고 건네는 한마디가 오히려 관계를 더 건강하게 만든다.

인도의 한 불교 사원에서 만난 청년 수행자는 평소 거의 말을 하지 않았다. 하지만 어느 날, 사소한 오해로 불편한 기류가 흐르던 순간 그가 조용히 말했다. "형, 마음이 불편하다면 말해야 해요. 침묵은 답이 아니라, 때로는 회피일 수도 있으니까요." 그 말에 나는 등골이 서늘했고, 그의 말을 인정했다. 침묵과 표현 사이에서 정확한 균형을 찾는 것이 진정한 소통의 미덕임을 깨달은 순간이었다.

네덜란드의 사회 심리학자 헤이르트 호프스테드Gert Hofstede
는 문화마다 소통 방식이 다르지만 하나의 공통점은 분명히 존
재한다고 말한다. "말해야 할 때 침묵한 사람은 신뢰를 잃는다."

적절한 때에 적절히 말하는 법

그렇다면 어떻게 해야 적절한 때에 적절히 말할 수 있을까?

먼저, 말하고 싶은 충동을 유보해야 한다.

떠들고 싶은 본능을 잠시 미룰 때 말은 전략이 된다. 재즈
거장 마일스 데이비스Miles Davis는 "있는 것을 연주하지 마라. 없
는 것을 연주하라"라고 했는데, 이 말은 대화에도 적용된다. 침
묵을 통해 말의 무게는 증가하고, 그 긴장감이 소통의 깊이를 만
든다. 잠깐의 자제력이 더 강한 메시지를 남기는 것이다.

또한, 말하기 전에 들어야 한다.

내가 얼마나 상대의 이야기를 들었는지 스스로 물어야 한
다. 듣는 시간이 길어질수록 당연히 말은 줄어든다. 아메리카 원

주민들 사이엔 '말하기 전에 일곱 번 숨을 쉬어라'라는 격언이 있다. 할 말을 하지 않으라는 뜻이 아니라, 말의 영향력을 자각하라는 뜻이다. 숨을 쉬는 동안 우리는 상대의 말, 표정 그리고 그 이면의 감정까지 깊이 인식할 수 있게 된다.

마지막으로, 하나의 문장을 남기자.

회의를 할 때든 위로를 할 때든 주장이나 고백을 할 때든, 반드시 하나의 중심 문장을 남겨야 한다. 그 문장만이 기억에 남고 나머지는 흘러간다. 수많은 위대한 연설과 대화는 결국 단 하나의 문장으로 각인된다.

침묵은 여백이지만 표현은 방향이다. 말하지 않으면 흐르지 않고, 흐르지 않으면 연결되지 않는다. 필요한 말을 할 줄 아는 용기에서 진정한 소통이 시작되며, 그 용기는 내면의 자신감과 타인에 대한 존중에서 비롯된다.

때로는 한 마디 말이 천 마디 말보다 강하다. 그리고 그 한 마디를 만드는 힘은 절제와 용기, 섬세한 균형에서 나온다. 절제는 자신의 감정을 통제할 수 있는 능력이며, 용기는 그 절제 속에서도 필요한 순간에 진실을 말할 수 있는 결단력이다. 말의 진정한 힘은 그 균형 속에 있다.

5장

차이와 충돌,
관계의 역설

대화를 논쟁이 아니라
토론으로 바꾸는 법

> 사람이 이해하는 언어로 말하면 그 말은 그의 머리에 닿는다. 하지만 그의 언어로 말하면 그 말은 그의 마음에 닿는다.
>
> If you talk to a man in a language he understands, that goes to his head. If you talk to him in his language, that goes to his heart.
>
> – 넬슨 만델라Nelson Mandela

너랑 이야기해 보고 싶었어

10여 년 전, 대학원 동기 브라이언의 초대로 알래스카 앵커리지를 여행하게 됐다. 브라이언은 따뜻한 감성을 지닌 히피 성향의 친구였고, 나는 이성과 계획을 중시하는 성향이 뚜렷했다.

함께하는 시간 속에서 우리는 매일같이 갈등의 파고를 마주했다. 나는 조용히 차 안에서 풍경을 바라보며 사색에 잠기길 좋아했지만, 브라이언은 히치하이커를 그냥 지나치는 법이 없었다. "이런 기회에 다양한 사람과 이야기를 나눠야지!"라며 이들을 태웠다. 그때마다 속으로 '이건 좀 아니잖아'라고 생각하며 괴로워했다. 하지만 브라이언은 전혀 개의치 않았다. 그는 예측할 수 없는 낯선 만남에서 느끼는 인간적 연결을 삶의 중요한 가치로 여겼다.

그러던 어느 날, 결국 갈등이 터졌다. 또다시 히치하이커를 태우려는 브라이언의 행동을 참지 못한 나는 "이건 우리 여행이지, 네 가치 실현을 위한 프로젝트가 아니야!"라며 차 안에서 언성을 높였다. 순식간에 분위기가 얼어붙었다. 침묵 속에서 브라이언은 조심스럽게 입을 열었다. "나는 그냥 이 공간을 더 넓게 쓰고 싶었던 거야. 그게 꼭 맞다고 생각하진 않지만, 너랑 이 점에 대해 이야기해 보고 싶었어." 그는 나를 바꾸려 했던 것이 아니라, 자기 삶의 방식 속으로 초대하고 싶었던 것이다. 우리는 '누가 맞느냐'를 따지는 대신 '왜 그렇게 생각했는가'를 물었고, 그제서야 비로소 진짜 대화가 시작됐다.

상대를 이기려는 논쟁, 함께 진실을 찾아 나서는 토론

논쟁은 상대를 이기려는 말의 전쟁이지만, 토론은 함께 진실을 탐색하는 공동의 여정이다. 문제는 많은 사람이 이 차이를 인식하지 못한다는 데 있다. 하버드 협상 프로젝트Harvard Negotiation Project의 공동 창립자인 윌리엄 유리는 이를 '적대적 대화의 착각'이라 부른다. 이는 상대방의 의견에 반박함으로써 문제가 해결될 것이라는 잘못된 믿음을 말한다. 유리는 그의 저서 『혼자 이기지 마라Getting Past No』(스몰빅라이프, 2016)에서 "상대가 문제라고 느껴질 때는, 우리가 문제를 해결하는 방식을 점검해야 할 때다"라고 말한다. 협상에서 가장 먼저 해야 할 일은 상대를 바꾸는 것이 아니라 자신의 반응을 점검하는 일이라는 뜻이다.

　논쟁은 '정답' 중심으로 흐르지만 토론은 '관점' 중심으로 흐른다. 토론에서는 누가 옳은지를 따지기보다 왜 그렇게 생각하는지를 묻는다. 이 전환점에서 마법처럼 작동하는 문장이 있다. "그렇게 느끼는 데엔 어떤 이유가 있었을까?", "나는 다르게 느꼈지만, 네 시선도 궁금해", "우리가 보는 방향이 다르다면, 혹시 그 사이에 다른 진실이 있을까?" 철학자 한나 아렌트는 인간의 사유 능력을 '다른 시선을 상상할 수 있는 능력'이라 정의했다. 이 능력이 발휘되는 순간, 우리는 누군가의 말이 틀렸다고 단정하지 않고, 그 말이 어디서 비롯된 것인지를 묻기 시작하며, 그 순간은 갈등을 해소하는 시발점이 된다.

　갈등을 풀려면 서로의 마음을 향해 귀를 여는 자세가 필요하다. 진짜 소통은 언제나 상대를 이해하려는 태도에서 출발한다. 논쟁은 마음의 문을 닫지만 토론은 그 문을 연다. 단순히 정답을 주고받는 기술이 아니라, 서로의 세계를 이해하고 그 다름 사이에 다리를 놓는 관계의 철학이다.

　우리는 너무 오랫동안 '논리로 이기는 대화'에 익숙해져 왔다. 학교에서는 토론 대회를 통해 이기는 법을 배웠고 직장에서는 회의실에서 자신의 의견을 관철시키는 방법을 연마했다. 하지만 이런 방식이 우리에게 진정한 연결과 발전을 가져다주었는가?

서로의 시선이 되어 보려는 노력, 말보다 마음을 먼저 전하려는 태도, 그 지점에서 새로운 대화 문화가 싹튼다. 갈등은 종종 우리의 약점을 드러내지만, 동시에 더 깊은 연결의 가능성을 보여 주는 순간이기도 하다. 그것을 어떻게 다루는지가 성숙한 소통의 기준이며, 우리가 어떤 방식으로 묻느냐는 곧 우리가 어떤 방식으로 성장하느냐를 결정짓는다.

연결은 아주 단순한 말 한마디에서 이루어진다. 나는 너를 이기고 싶은 게 아니라 이해하고 싶다는 진심이 담긴 말을 건네는 순간 우리는 더 이상 적이 아니다. 그때 비로소 진짜 대화가 시작된다.

반대 의견을 조율하는 법

> 누군가를 평가하는 데 마음을 쏟는다면, 그들을 사랑할 여유는 생기
> 지 않는다.
> If you judge people, you have no time to love them.
>
> — 테레사 수녀Mother Teresa

문제의 본질을 다시 짚어라

친구 마이클의 이야기다. 마이클은 사진작가 리사와 함께
칠레의 파타고니아, 토레스 델 파이네 국립 공원을 트레킹하고
있었다. 이 둘은 무거운 배낭을 메고 척박한 고산 지대를 묵묵히
걸었지만, 셋째 날 저녁 예상치 못한 폭설 앞에서 갈등이 터지고
말았다.

악화된 기상 상황에 마이클은 즉시 정상 등정을 포기하자
고 했으나, 리사는 "눈 정도는 견딜 수 있어. 이건 평생 기억에
남을 모험이야"라고 말하며 오르길 주장했다. 마이클은 리사가

무모하다고 느꼈고, 리사는 마이클이 겁쟁이 같다고 생각했다. 결국 그날 밤 좁은 텐트 안에서 둘은 등을 돌리고 침묵했고, 새벽 내내 텐트를 두드리는 눈발 속에서 마이클은 잠을 이루지 못했다. 그런데 날이 밝자 리사가 조용히 커피를 내밀며 물었다. "우리가 이 여행에서 진짜 바라는 게 뭘까? 함께 좋은 기억을 남기는 거 아닐까?" 그 한마디에 마이클은 깨달았다. 둘이 싸운 이유는 '우리만의 잊지 못할 추억'을 만들고 싶기 때문이었다. 문제의 본질은 '누가 맞는가'가 아니라 '무엇을 함께 하고 싶은가'의 차이였던 것이다.

같은 정보도 다르게 해석하는 사람들

심리학자 데버라 태넌은 "우리는 의견 충돌을 단순히 반대라고 인식하지만, 사실 그것은 다름의 표현"이라고 말한다. 사람들은 서로 욕구가 다르다는 사실을 간과한다. 자신의 욕구와 상대의 욕구를 경쟁 관계로 만들면서 논쟁의 프레임에 스스로 갇혀 버린다. 대부분의 갈등은 상대의 의견을 '틀렸다'고 단정하는 데서 발생한다.

많은 사람이 이런 갈등을 해결하고자 상대를 설득하려 한다. 그러나 이런 방식은 상대가 자신의 욕구를 포기해야만 한다는 전제를 품고 있고, 결과적으로 방어적인 태도와 거부감을 불러일으키는 상황으로 이어진다. 대화가 단절되는 이유는 논리가 부족해서가 아니다. 오히려 내 욕구만 주장하고 상대의 욕구는 진심으로 이해하지 못하기 때문이다.

많은 연구자가 갈등은 정보가 부족해서가 아니라, 같은 정보를 서로 다르게 해석하기 때문에 발생한다고 주장한다. 대부분의 갈등은 입장 충돌이 아니라, 욕구 충돌에서 비롯된다는 것이다. 입장은 표면적인 것이고, 그 밑에는 인정받고 싶고 존중받고 싶고 안전하고 싶다는 인간적인 욕구가 숨어 있다. 마이클이 정상 등정을 포기하자고 했던 것은 사실 무사히 좋은 기억을 남기고 싶었기 때문이고, 리사가 끝까지 올라가자고 했던 것은 험난한 도전을 함께 하고 싶은 욕구 때문이었다. 욕구를 들여다보면 서로 다른 입장처럼 보였던 두 사람의 마음이 결국은 같은 곳을 향하고 있었음을 깨닫게 된다.

진짜 문제는 의견 차이가 아니라 갈등을 갈등으로 몰아가는 심리적 프레임이다. 그렇기에 효율적인 소통은 서로의 욕구를 드러내고 그 속에서 접점을 찾을 때 가능하다. 설득은 상대를 이기는 것이 아니라 상대가 내 입장을 이해할 수 있도록 재구성하는 작업이고, 양보는 포기가 아니라 상대의 중요 요소를 인정하면서도 나의 핵심을 지키는 기술이다. 타협 역시 단순히 중간점을 찾는 것이 아니라 양측의 가치를 교차시켜 새로운 대안을 만들어 내는 창의적인 작업이다.

너는 이 상황에서 무엇이 제일 중요해?

부부 갈등을 연구한 심리학자 수 존슨Sue Johnson은 "부부의 갈등은 유대감 단절에 항의하는 표현이고, 정서적으로 다시 교감하기를 요구한다"고 말한다. 그녀는 부부가 갈등을 해결하려면 기술이 아니라 서로의 정서적 욕구를 이해하고 반응하는 것이 우선시되어야 한다고 강조했다. 이는 마이클과 리사의 상황과도 일맥상통한다. 그들에게는 누가 더 옳은가를 가리는 판단이 아니라 서로의 진짜 걱정과 바람에 대한 공감이 필요했다. 이럴 때 효과적인 질문이 있다. "너는 이 상황에서 무엇이 제일 중요해?" 이 짧은 질문이야말로 갈등의 본질을 꿰뚫는다. 상대의 요구 뒤에 숨은 욕구를 묻고, 솔직하게 내 욕구를 드러낼 수 있게 만드는 대화의 시작점이다. 그렇게 서로의 진짜 바람을 들여다보면 설득도, 양보도, 타협도 아닌 또 다른 길이 열린다.

심리학자 에드워드 드 보노Edward de Bono는 "창조적 대화는 문제를 해결하는 것이 아니라 새로운 가능성을 발견하는 것이다"라고 말했다. 갈등의 승패는 중요치 않다. 갈등의 이면에 있는 서로의 욕구를 연결하는 지혜가 필요하다. 바로 그때 관계는 더 깊어지고, 갈등은 더 이상 '부딪힘'이 아니라 '함께 헤쳐 나갈 경험'으로 바뀐다.

심리학자 케네스 토머스Kenneth Thomas 역시 "효과적인 의사소통이란 갈등 상황에서 누가 옳은가를 묻기보다 어떻게 함께 해결할 수 있는가를 묻는 능력"이라고 했다. 갈등은 관계를 파괴하지 않는다. 오히려 상대의 입장과 감정, 프레임을 피하지 않고 다루는 순간 관계는 깊어진다. 누군가와 갈등을 빚을 때 스스로에게 물어보자. '내가 지금 진정으로 원하는 것은 무엇인가?', '상대는 이 상황에서 무엇이 가장 중요한가?' 이 두 질문은 갈등의 본질을 들여다보게 한다. 그리고 놀랍게도 그 본질 속에서 우리는 공통점을 발견하게 된다.

진짜 소통은 논리 싸움이 아니라 마음을 잇는 작업이다. 갈등은 관계의 종착점이 아니라 더 깊은 연결을 향한 새로운 시작점인 것이다.

반대 의견을 전달할 때
지켜야 할 원칙

> 진정한 대화는 상대방의 의견에 반대하면서도 그 사람과의 관계를
> 지키는 능력에서 시작한다.
> True dialogue begins with the ability to oppose someone's
> opinion while maintaining a relationship with that person.
>
> − 윌리엄 유리William Ury

대화의 본질은 이해에 있다

방콕시가 주최한 낙후 지역 교육 회복 프로젝트에 외부 커뮤니케이션 컨설턴트로 참여한 적이 있다. 그 지역의 한 초등학교는 아이들이 넘쳐 나지만 그 어떤 예체능 수업도, 방과 후 프로그램도 운영할 수 없는 현실에 처해 있었다. 교사 한 명이 동시에 여러 반을 맡아야 할 정도로 인력이 부족했고, 아이들은 밥도 제대로 먹지 못한 채 자라고 있었다. 이런 상황에서 예산 배정 문제를 두고 날 선 대화가 오가던 중, 시청 관계자가 한마디를 했다. 아이들이 많다는 것은 자생력을 가졌다는 뜻이니 추가

지원은 다른 학교로 돌리는 것이 낫다는 말이었다.

그 순간 15년간 그 지역에서 아이들을 가르친 교사가 조용히 고개를 들더니 이 학교는 자생력이 아닌 절박함으로 운영되고 있다고 말했다. 순간 시간이 정지된 듯했고, 마음이 무거워졌다. 그 말은 지친 교사들과 아이들의 마음을 그대로 들려 주는 고백이었다. 비록 즉시 결과가 바뀌진 않았지만 분위기는 전환되었고, 이후 우리는 공동으로 해결책을 찾아 도움을 제공하는 민간 파트너를 발견할 수 있었다. 이때 나는 확신하게 되었다. 반대를 통해서도 우리는 연결될 수 있으며, 그 연결은 상대를 이기려는 말이 아니라 이해하려는 태도에서 시작된다는 것을.

심리학자 데버라 태넌은 "이기기 위해서가 아니라, 이해의 다리를 놓기 위해 말해야 한다"고 얘기한다. 대화의 본질은 상대방을 꺾는 것이 아니라 서로의 다름을 존중하고 이해를 바탕으로 하는 자세에 있다는 뜻이다. 나 역시 커뮤니케이션 전문가로서 수많은 상황을 겪으며 설득이 아닌 연결을 중심에 둔 원칙 4가지를 정리하게 되었다. 이 원칙들은 기술이 아니라 어떻게 타인과 사람으로서 관계 맺을 것인가를 보여 주는 태도 그 자체다.

첫째, 입장을 밝히기 전에 마음을 보여 줘야 한다.

가장 먼저, 입장을 밝히기 전에 무엇에 관심을 두고 있는지를 말해야 한다. 대부분의 사람은 자기 생각을 관철하고자 입장부터 드러내는데, 그러면 대화는 '누가 맞는가'로 흐르기 마련이다. 하지만 "이 점이 특히 걱정돼요"라고 말한다면 대화의 방향이 달라진다. 인간은 생각에는 쉽게 반대할 수 있지만 걱정에는 쉽게 마음을 닫지 못하는 것이다. 우리는 반대 의견을 말할 때, 상대가 스스로를 공동의 문제 해결자로 느낄 수 있도록 마음을 먼저 드러내야 한다. 이는 감정적 공감대를 만드는 출발점이다.

둘째, 정답이 아닌 자신의 경험을 나눠라.

정답을 말하려 하지 말고 자신의 경험을 나눠야 한다. 누군가의 말을 들었을 때 곧장 "그건 아니에요"라고 말하면 대화가 진행되지 않는다. 의견보다 경험을 꺼내면 상대에게 닿는 길이 훨씬 넓게 열린다. "예전에 비슷한 상황이 있었는데, 저는 이렇게 느꼈어요"라고 말한다면, 방어 대신 공감을 이끌어 낼 수 있을 것이다.

인간은 논리보다 이야기, 선언보다 삶에 끌린다. 반대 의견을 전하는 가장 쉽고 효율적인 방법은 내 삶의 조각을 건네는 것이다. 이는 인간적 연결에 대한 깊은 이해에서 비롯된 접근이다.

셋째, 반박이 아닌 질문으로 응답하라.

질문으로 응답하는 습관은 대화를 유지하는 중요한 열쇠가 된다. 우리는 순간적으로 상대의 말에 반박하고는 하지만, 그럴수록 관계는 멀어진다. 대신 "왜 그렇게 느끼셨어요?" 또는 "다르게 본다면 어떤 기분이 드실까요?" 같은 질문을 하면 상대로 하여금 대화의 주도권이 자신에게 있다고 느끼면서도 대화의 흐름 자체는 '우리'를 중심으로 이어지게 할 수 있다. 반박은 경계를 만들지만 질문은 공간을 연다. 질문은 시선을 인정하고 함께 생각하고 있다는 태도를 보여 주기 때문이다.

넷째, 대화를 멈추기 전에 관계의 다리를 남겨라.

많은 이가 반대 의견을 말한 뒤 대화를 끝내고 돌아서지만, 나는 그때야말로 다음 대화를 준비해야 할 시간이라고 믿는다. "서로 생각이 다를 수 있어요. 하지만 저는 여전히 대화를 이어가고 싶습니다"라고 말하자. 이는 상대를 존중하고 있다는 강한 신호이며, 우리가 다시 이어질 수 있다는 여지를 남기는 표현이다. 반대는 다툼이 아니라 연결의 방식이 될 수 있고, 그 연결은 다음 만남을 가능하게 만드는 토대가 된다.

이러한 방식은 결국 관계 중심 소통을 실천하는 태도이며, 상대방과의 신뢰를 지켜 내는 힘이다. 우리 사회는 종종 찬성과 동의만이 관계를 강화한다고 믿지만, 사실은 반대 속에서도 깊은 신뢰가 만들어진다. 다름을 존중하는 용기야말로 성숙한 관계의 진짜 지표다.

우리는 모두 다르다. 그 다름을 존중하면서도 연결될 수 있다는 신념이 다양성의 본질이다. 다양한 의견이 존재할 뿐만 아니라 그것들이 서로를 향해 말을 건넬 수 있는 환경이야말로 우리가 지향해야 할 미래다.

이러한 소통 방식은 개인적인 관계를 넘어 사회 전반에 적용되어야 한다. 정치, 문화, 종교처럼 깊게 갈라진 영역에서도 우리는 '연결을 위한 반대'를 배워야 한다. 서로를 인정하면서도 함께 갈 수 있는 길, 진짜 소통에는 그 길을 찾는 힘이 있다. 분열과 갈등이 깊어지는 시대일수록 반대 의견을 전달하는 더 큰 지혜가 필요하다.

상대의 말에 반대하면서도 그 사람과의 관계를 소중히 여기는 태도가 오늘날 우리에게 가장 필요한 덕목이 아닐까? 이 4가지 원칙이 단순한 커뮤니케이션 전략을 넘어 더 나은 사회를 만드는 기초가 될 수 있다고 믿는다. 그리고 그 변화는 거대한 선언이 아닌, 매일의 작은 대화에서부터 시작될 것이다.

거절하면서도
관계를 지키는 기술

> 나는 나 자신을 온전히 소유하고 있다. 그러므로 나는 나 자신을 설계하고 변화시킬 수 있다.
>
> I own me, and therefore, I can engineer me.
>
> — 버지니아 사티어 Virginia Satir

800달러에 사라지고 만 우정

대학 시절, 우리는 도서관에서 밤을 지새운 후 코끝을 찌르는 찬바람을 맞으며 자판기 앞에 나란히 서 있었다. 나는 손을 호호 불며 커피를 뽑았고, 내 옆에는 오랜 친구 제이슨이 함께 있었다. 제이슨은 삶의 많은 순간을 함께해 준 친구였다. 시험 기간이면 서로 햄버거를 나눠 먹으며 힘든 하루를 견디곤 했고, 연애나 공부로 고민할 때면 밤새 이야기를 나누기도 했다. 그런데 그날따라 제이슨은 말수가 없었고, 커피를 꼭 쥔 채 머뭇거리더니 어렵게 입을 열었다. "혹시, 이번 달에 800달러만 빌릴 수 있을까? 급하게 등록금이 부족해서.”

　나는 눈앞이 복잡해졌다. 아르바이트비가 막 들어오긴 했지만, 나도 기숙사비며 교재비, 다음 학기 준비까지 부담이 큰 상황이었다. 고민 끝에 결국 나는 “미안, 나도 이번 달은 좀 빠듯해서”라고 말했다. 제이슨은 쓸쓸한 미소를 지으며 괜찮다고 말했다. 하지만 그의 뒷모습은 왠지 모르게 낯설었다. 시간이 지나면서 그의 연락은 점점 뜸해졌고, 우리는 어느새 멀어졌다. 그제서야 뒤늦게 깨달았다. 거절은 단순히 “안 돼”라고 말하는 기술이 아니었다. 상대의 마음을 함께 다루는 일인데, 나는 그 방법을 전혀 몰랐던 것이다.

　사실, 거절은 상대를 밀어내는 일이 아니다. 심리학자 마크 R. 리리Mark R. Leary는 ‘사회적 배제 이론social exclusion theory’을 통해 인간은 본능적으로 소속감을 추구하며, 그것이 위협받을 때 강한 불안을 느낀다고 말했다. 우리 모두는 집단에 소속되고 받아들여지길 원하는 기본적 욕구를 가지고 있으며, 이 욕구가 충족되지 않을 때 심리적 고통을 경험한다는 것이다. 거절은 상대에게 관계 전체에 대한 위기 신호로 다가간다. 도와줄 수 없다는 말이 상대의 귀에는 “넌 나에게 중요하지 않아”라고 왜곡되어 들린다. 그래서 우리는 거절이 두려워 돌려 말하거나, 피하거나, 애매하게 표현하다가 오히려 더 깊은 상처를 남긴다.

　상호 작용론의 대가인 어빙 고프먼Erving Goffman은 ‘얼굴 유지face-saving’ 이론에서 사람들은 무엇을 얻는가보다 어떻게 대우받는가를 더 중요하게 생각한다고 강조했다.

이 이론에 따르면, 모든 사회적 상호 작용에서 사람들은 자신의 공적 이미지를 보호하려는 강한 욕구를 지니고 있으며, 이 '얼굴'이 위협받으면 심리적 방어 기제가 작동한다는 것이다. 상대는 거절당했다는 사실보다 그 과정에서 자신이 존중받았는지를 먼저 살핀다. 거절의 말을 들은 상대는 무의식중에 나는 이 사람에게 소중한 존재인가를 묻는다. 그래서 거절은 관계를 지키는 순간이 될 수도 있고, 깨뜨리는 순간이 될 수도 있다.

'나'와 '너'를 잇는 거절의 기술

거절에는 진심과 절차가 필요하다. 그러나 많은 사람이 "안 돼", "나 바빠" 같은 말로 상대의 체면을 무너뜨리고 만다. 제대로 된 거절에는 반드시 3가지가 필요하다.

먼저, 진심 어린 공감이다.

거절하기에 앞서 상대의 마음을 인정해야 한다. "초대해 줘서 정말 고마워. 나도 가고 싶었어." 이 말은 나에게 네가 소중하다는 메시지를 담고 있다. 상대방이 나에게 기대한 바를 인지하고, 그 요청이 가치 있음을 인정하는 것이다. 이 첫 단계를 통해 상대방은 자신이 무시당하지 않았다는 안도감을 얻게 된다.

그다음으로, 거절의 이유를 명확하게 전해야 한다.

핑계가 아니라 진짜 상황을 솔직히 설명해야 한다. "하지만 이번 주는 부모님 생신이라 빠질 수 없어." 투명한 이유 제시는 상대방이 거절을 개인적인 거부로 해석하지 않도록 도와주며, 객관적인 상황에 초점을 맞추게 한다.

마지막으로는 반드시 대안을 제시해야 한다.

"대신 다음 주에 꼭 밥 살게." 이 단계에서는 여전히 당신과 연결되고 싶다는 의지를 표현해야 한다. 이 단계는 거절이 단순한 '아니요'가 아니며 이 방식으로는 안 되지만, 다른 방식으로는 가능하다는 메시지를 전달한다.

거절의 방법은 한낱 말재주가 아니다. 상대의 자존감과 나의 진심, 우리의 관계를 동시에 지키는 과정이다. 진심 없는 거절은 상대와의 관계를 단절시키고, 진심 어린 거절은 관계를 새롭게 만든다. 우리는 모두 관계 안에서 적당한 거리를 필요로 한다. 거절은 관계를 끊는 말이 아니라 그 거리를 지혜롭게 조율하는 중요한 도구다.

거절은 언제나 두렵다. 누구에게나 그렇다. 하지만 오히려 제때 거절해야 관계를 더 오래 유지할 수 있다. 진심을 담은 거절에는 이런 뜻이 담겨 있다. '나는 너와 계속 관계를 맺고 싶다. 그러나 내 삶도 함께 지켜야 한다.' 이렇게 말하는 사람만이 상대와 진짜로 연결될 수 있다.

억지로 상대의 기대에 맞추는 관계는 그저 연극일 뿐이다. 진정성 없는 '예스'보다 진심 어린 '노'가 관계를 더 강하게 만든다. 그러니 스스로에게 묻자. 거절로부터 도망칠 것인가? 아니면 진짜로 거절할 줄 아는 인간으로 거듭날 것인가? 오늘 이 질문 앞에서 잠시 멈춰 보길 바란다. 이 선택이 관계를, 그리고 삶을 완전히 바꿀 것이다.

방어적인 사람과 대화하는 방법

진정한 대화는 상대방의 생각과 감정의 세계에 들어가서 그들의 관점을 진심으로 이해할 때 비로소 시작된다.
True dialogue cannot begin without entering into the other's mind and understanding their world.

– 폴 리쾨르Paul Ricœur

마음을 굳게 닫아 버린 사람들

종종 자기 방어적인 사람들을 맞닥뜨리곤 한다. 대화를 시도하면 언성을 높이고, 가벼운 질문에도 신경질적인 반응을 보이며, 때로는 아예 입을 닫아 버리는 이들. 그들은 마음의 문을 거대한 자물쇠로 잠근 듯 보인다. 많은 이가 이러한 모습을 성격 탓으로 넘겨 버리곤 하지만, 심리학과 인문학은 그런 판단에 선을 긋는다.

미국의 사회 심리학자 에드워드 E. 존스Edward E. Jones와 스티븐 버글러스Steven Berglas는 방어적 행동을 성격 문제가 아니라 '자기 보호'로 해석했다. 그들은 방어적인 사람의 행동은 결코 이기심이나 공격성에서 비롯된 것이 아니며, 다만 부정당하거나 상처받고 싶지 않은 깊은 두려움에서 출발한다고 말한다. 즉, 방어는 타인을 향한 공격이 아니라 자신의 취약함을 감추려는 전략일 뿐인 것이다. 이러한 방어 심리는 갈등 상황에서 더욱 두드러진다. 상대를 이기려는 욕망 때문이 아니라 '나는 존중받고 있는가?', '나는 안전한가?'라는 불안한 물음이 그들 안에 있어서다. 우리는 그 사람들의 날카로운 말투나 냉담한 행동만을 보고 깨닫지 못하지만, 방어적인 사람의 언어 너머에는 늘 불안이 도사리고 있다. 신경 과학자 안토니오 다마지오Antonio Damasio는 『데카르트의 오류Descartes' Error』(NUN, 2017)에서 인간의 의사 결정이 순수한 이성보다 감정적 요소에 더 큰 영향을 받는다고 밝혔다. 즉, 우리의 두뇌는 감정적으로 안전하다고 느끼지 않는 한 어떤 논리도 쉽게 받아들이지 않도록 설계되어 있는 것이다.

방어적인 사람에게 "증거를 봐, 이건 사실이야"라고 말해봤자 오히려 불안을 자극할 뿐이다. 우리가 실제로 자주 내뱉는 말들("그건 네가 오해한 거야", "왜 그렇게 예민하게 구는 거야?", "내 말 좀 끝까지 들어 봐")은 안타깝게도 방어를 더욱 강화시키는 역할을 한다. 방어적인 사람 앞에서 중요한 것은 논리적이고 단호한 말이 아니라 태도다. 판단 없는 눈빛, 부드러운 목소리, 경청하는 자세가 필요하다. 방어적인 사람은 상대의 논리가 얼마나 타당한지 판단하기 전에 태도와 신호를 읽는다. 상대가 자신을 존중하고 있다는 느낌을 받는 순간, 그들의 방어 태세는 서서히 풀린다. 감정의 유효성을 인정하고("그렇게 느끼는 것도 충분히 이해돼"), 상대의 입장을 존중하며("네가 왜 그렇게 말했는지 더 듣고 싶어"), 공동의 목표를 설정("나는 이 상황을 잘 해결하고 싶어. 너도 그랬으면 해")하는 말들은 상대에게 '너와 싸우려는 것이 아니다. 너를 이해하고 싶다'는 메시지를 전달하며 자연스럽게 방어 기제를 없앤다.

방어적인 사람과 대화하는 4가지 방법

판단 대신 관찰을 공유하라. "너는 항상 이런 식이야"가 아니라 "지난 세 번의 미팅에서 네가 늦게 도착한 것 같아"와 같이 구체적 사실만을 언급하는 것이 좋다.

그다음으로, '나' 메시지를 사용하라. "너 때문에 화가 나"가 아닌 "나는 이 상황에서 답답함을 느꼈어"와 같이 자신의 감정에 집중하면 상대의 방어적인 태도를 없앨 수 있다.

셋째, 공통의 지향점을 찾아라. "우리 둘 다 이 프로젝트가 성공하길 바라"처럼 함께 추구하는 가치나 목표를 상기시키면 대화의 기반이 된다.

넷째, 열린 질문을 활용하라. "왜 그랬어?"보다는 "그런 결정을 내린 이유를 더 알고 싶어"와 같은 질문을 할 때 상대는 자신이 충분히 설명할 공간을 확보받았다고 느낀다.

　마지막으로, 침묵의 힘을 인정하라. 때로는 아무 말도 하지 않고 그저 존재하는 것만으로도 상대에게 안전감을 줄 수 있다.

　성적표를 들고 온 자녀에게 "수학 점수가 왜 이 모양이야?"라고 비난하는 대신, "어떤 부분이 어려웠는지 이야기해 볼래?"라고 접근해 보자. 이런 대화법은 자녀에게 실패에 대한 수치심 대신 안전하게 어려움을 나눌 수 있는 공간을 제공한다. 10대 자녀가 방에 틀어박혀 있을 때, "요즘 무언가 힘든 일이 있는 것 같은데, 준비됐을 때 얘기해도 좋아"라고 말한다면 자녀의 마음을 여는 데 도움이 된다.

　연인 관계에서는 파트너가 약속을 어겼을 때 "너는 항상 이런 식이야. 내가 중요하지 않은 거지?"라고 비난하기보다 "오늘 네가 약속을 어겨서 실망했어. 나는 너와 함께하는 시간이 소중하거든"이라고 자신의 감정을 솔직하게 표현하는 것이 좋다. 중요한 결정에 의견 차이가 있을 때는 "네 생각은 비현실적이야"라고 판단하지 말고, "우리의 목표는 같아. 다만 접근 방식에 차이가 있는 것 같아. 네 관점을 더 자세히 알고 싶어"라고 말하면 방어적 반응을 줄일 수 있다.

　직장 상사와 부하 관계에서는 권력의 불균형이 방어 기제를 더 강화시킬 수 있다. 상사는 부하 직원의 실수를 지적할 때 "이런 기본적인 것도 모르나요?"라고 비난하는 대신 "이 부분에서 어떤 어려움이 있었는지 듣고 싶습니다"라고 접근하는 편이 좋다. 부하 직원은 상사의 지시에 이견이 있을 때 직접적으로 반박하기보다는 "제가 염려하는 부분이 있습니다. 함께 살펴볼 수 있을까요?"와 같이 표현하면 상사의 방어적인 태도를 허무는 데 도움이 된다.

방어적인 태도의 3가지 유형

심리학자 폴 길버트Paul Glbert는 『자비 중심 치료Compassion Focused Therapy』(학지사, 2014)에서 방어의 근원을 '수치심'으로 보았다. 그는 상대가 나를 어떻게 평가할지 확신할 수 없을 때, 즉 존중받을지 아니면 거절당할지 모를 때 사람은 본능적으로 자신을 방어하고, 그때의 감정은 비난, 반박, 침묵, 회피로 표현된다고 말한다. 방어적인 태도는 유형별로 다르게 나타난다.

"그건 사실이 아니야", "너는 틀렸어"와 같이 즉각적으로 부정하는 반박형 방어는 비난이 아닌 관찰과 공통점을 강조함으로써 풀 수 있다. "내가 너무 단정적으로 말했나 봐" 또는 "우리 둘 다 좋은 결과를 원한다는 점은 같네"와 같은 표현이 효과적이다. 침묵형, 회피형 방어는 대화를 피하거나 침묵으로 일관하는 경우로, 이럴 때는 감정을 인정할 수 있도록 시간을 주면 도움이 된다. "지금 이야기하기 어렵다면, 네가 준비됐을 때 다시 이야기하자", "이 주제가 불편할 수 있다는 걸 이해해"라고 말하면 좋다. 비난형(공격형) 방어는 방어를 위해 공격적으로 변하는 경우로, 상대의 감정에 주목하고 건강한 대화의 경계를 설정해야 한다. "지금 화가 난 것 같은데, 왜 그런지 알고 싶어", "서로를 존중하면서 이야기했으면 해"와 같은 표현이 필요하다. 꼭 기억해야 할 것은 '5 대 1의 법칙', 즉 비판 하나에 다섯 개의 긍정적 상호 작용이 필요하다는 점이다.

방어적인 사람과 대화할 때는 상대의 마음 깊은 곳에 '나는 안전하다', '나는 존중받고 있다'는 확신을 심어 줘야 한다. 이러한 심리적 안전이 보장될 때에야 비로소 방어는 풀린다. 그들의 불안을 헤아리고, 감정을 수용하며, 존재 자체를 존중하는 태도를 가질 때 우리는 갈등을 넘어 진짜 대화를 시작하게 된다.

소통의 본질은 말의 내용이 아니라 그 말을 전하는 방식에 있다. 방어적인 사람과의 대화에서는 더욱 그렇다. 어쩌면 방어적인 태도는 우리 모두가 가진 취약함의 표현일 뿐일지도 모른다. 이 취약함을 인정하고 서로의 안전을 보장할 때, 우리는 소통을 경험하게 된다. 진정한 대화란 단순한 정보 교환이 아니라 서로의 내면을 연결하는 인간적 만남의 순간이며, 이것이야말로 방어적인 사람과도 소통할 수 있는 가장 근본적인 방법이다.

6장

마음을 움직이는 말은
어떻게 작동하는가

사람들은 '무엇'보다
'어떻게'를 기억한다

효과적인 소통은 20%가 '무엇을 아는가'이고, 80%는 '그것에 대해 어떻게 느끼는가'에 달려 있다.

Effective communication is 20% what you know and 80% how you feel about what you know.

― 짐 론Jim Rohn

두뇌는 감정에 밑줄을 긋는다

어떤 말이 기억에 오래 남을까? 많은 커뮤니케이션 연구는 숫자나 통계보다 감정이 담긴 개인적인 이야기가 더 강하게 기억에 남는다고 말한다. 심리학 연구에 따르면 사람은 단어의 의미 자체보다 말의 어조, 표정 그리고 전달 방식에 더 강하게 감정적으로 반응하며, 그 감정은 기억에 깊이 새겨진다.

캐나다 맥길 대학교 커뮤니케이션 연구소McGill University Communication Studies에서는 동일한 메시지를 다양한 방식으로 전달하고, 일주일 후 어떤 내용을 더 기억하는지를 측정하는 실험을 2018년에 진행했다, 그 결과 말의 내용보다 전달 방식, 즉 감정, 억양, 눈 맞춤이 훨씬 더 오래 기억에 남았다는 사실이 밝혀졌다. 청중은 메시지를 분석한 것이 아니라 그 말에 담긴 감정과 그 감정에 연결된 마음을 기억한 것이다. 사람의 뇌는 정보를 듣지 않고 '느끼는' 방식으로 저장한다. 심리학자들은 이런 현상을 '감정 부호화emotional encoding'라고 부른다. 쉽게 말해 우리 뇌는 정보를 감정이라는 특별한 포장지로 싸서 보관한다는 뜻이다. 누군가의 말이 우리에게 기쁨, 슬픔, 감동과 같은 감정을 일으키면 그 순간은 더 선명하게 기억에 남는다. 형광펜으로 중요한 부분에 밑줄을 긋는 것처럼 감정은 그 경험을 '중요하다'고 표시해 오래 기억하게 만든다.

바로 이것이 '어떻게'가 가진 특별한 힘이다. 같은 말이라도 어떻게 전했느냐에 따라 듣는 사람의 기억은 완전히 달라지고, 우리는 누군가의 말 자체보다 그 말을 들었을 때 느꼈던 감정을 통해 그 순간을 기억한다. 그래서 '어떤 말을 했는가'보다 '어떻게 말했는가'가 훨씬 더 오래, 강하게 남는다.

'무엇'이 넘쳐 나는 시대에 '어떻게'를 고민한다는 것

흔히 '전달'을 소통의 목표로 삼지만, 좋은 소통이란 '공명'의 과정이다. 내 말이 상대의 감정을 울릴 때 비로소 관계는 변화한다. 심리학자들은 이렇게 말한다. 공감이란 상대의 마음을 듣는 것이 아니라, 내 마음을 비워 그가 머물 수 있는 공간을 여는 일이라고. '어떻게 말하느냐'는 바로 그 공간을 만들 수 있는가의 문제다.

얼마 전 태국 파타야에서 한 현지 교육 기업의 조직 문화 컨설팅을 진행하면서 이 진실을 다시금 실감했다. 그 조직에서 가장 인기 있는 팀장은 전략적 발언을 거의 하지 않았다. 그의 강점은 전혀 다른 곳에 있었는데, 그는 팀원들과 대화할 때마다 반드시 눈을 바라보았고, 메모를 멈추고 고개를 끄덕이며 말끝마다 "그럴 수 있겠군요"라는 한마디를 잊지 않았다. 그는 팀원이 이야기를 마칠 때마다 잠시 침묵하며 생각을 정리하는 시간을 가졌고, 때로는 질문보다 고개를 끄덕이는 것만으로 더 깊은 이야기를 끌어냈다. 팀원들은 회고 인터뷰에서 "그 사람이 무슨 말을 했는지는 잘 기억이 안 나지만, 이상하게도 그와 이야기하면 힘이 났다"라고 말했다. 서로 연결된 순간이다.

우리는 무엇을 말할지에 집중하고는 한다. 회의록에 남을 단어, 발표의 키 메시지, 설득력 있는 데이터……. 물론 그것들도 중요하다. 그러나 시간이 지나도 사람들의 마음에 남는 건 '무슨 말이었는가'가 아니라 '어떻게 들렸는가'다. 말의 내용이 아니라 말이 머물던 그 순간의 분위기와 마음이 더 오래 기억된다. 그리고 그 기억은 단순한 설득을 넘어 관계의 결을 근본적으로 바꾸는 힘이 된다.

CMIContent Marketing Institute가 2025년에 행한 한 조사에 따르면, 마케터의 74%가 콘텐츠 마케팅이 리드LEAD(합법적 방법으로 취득한 연락 가능한 고객 정보) 확보에 도움이 된다고 답했지만, 정작 효과적인 메시지 전달을 위한 투자는 상대적으로 부족한 상황이다. 허브스폿HubSpot의 2025년 마케팅 보고서에 따르면 기업의 절반은 마케팅 예산을 늘릴 계획이지만, 대부분은 콘텐츠 생산에 집중하고, 전달 방식에 대한 훈련과 개발에는 상대적으로 적게 투자하고 있다.

오늘 누군가와 대화할 때 잠시 멈추고 생각해 보자. 무엇을 말할지도 중요하지만 어떻게 말할지가 더 중요하다는 것을. 정보는 이해를 가져오지만 감정은 행동을 이끈다. 지식은 생각을 바꾸지만 경험은 사람을 바꾼다. 그 모든 변화의 중심에는 단순하지만 강력한 진실이 자리한다. 사람들은 당신의 말을 기억하지 못할지도 모르지만, 당신이 그들에게 어떤 느낌을 주었는지는 결코 잊지 않는다는 진실이.

상대가 나를 편하게 느끼게
만드는 법

사람의 가장 깊은 본성은 누군가에게 인정받고 싶어 하는 간절한
욕구다.

The deepest principle in human nature is the craving to be
appreciated.

– **윌리엄 제임스**William James

믿을 수 있는 사람이 된다는 것

편안함은 신체적 안락함을 넘어서는 감정 상태다. 상대방
이 온전히 자신을 드러낼 수 있는 심리적 안전지대이며, 경계심
을 내려놓고 진정한 자신으로 존재할 수 있는 순간이다. 이 편안
함은 말뿐인 약속이 아니라 작은 행동과 태도, 그리고 진정성 있
는 접근에서 생겨난다. 누군가가 우리와 함께 있을 때 편안함을
느낀다면, 그것은 그들이 무의식적으로 우리를 신뢰한다는 증거
다. 이 신뢰는 강요할 수 없고, 인위적으로 만들어 낼 수도 없다.
자연스럽게 흐르는 물처럼 상대방의 마음에 스며들어야 한다.

우리는 신뢰를 시간이 쌓여야 형성되는 것으로 생각하고는 하지만, 신뢰는 단 한순간에도 만들어질 수 있다. 하지만 그 순간은 우연이 아니다. 상대가 나를 경계하지 않고 편하게 느낄 수 있는 환경 속에서 찾아온 것이다.

말이 아닌 태도로 안심시키며, 억지로 설득하는 대신 자연스럽게 이해를 유도하는 과정에서 신뢰는 형성된다. 사람들은 따뜻함을 느낄 때, 그리고 상대방이 자신에게 진심으로 관심을 가지고 있다고 여길 때 마음의 문을 연다.

상대방에 대한 배려가 신뢰의 첫걸음

문화 인류학자 에드워드 홀은 인간의 개인적 공간에 대해 연구했다. 너무 가까이 다가가면 상대는 위협을 느끼고, 너무 멀면 관계가 형성되지 않는다. 그에 따르면 처음 만난 사람에게는 최소 1.5m 이상의 신체적 거리를 유지하고, 상대방의 반응에 따라 점차 거리를 조절하는 것이 좋다. 심리적 거리 또한 중요한데, 지나치게 사적인 질문은 피하고 상대방이 편안하게 답할 수 있는 주제로 대화를 시작하는 것이 바람직하다. 친밀감을 형성하려고 너무 빠르게 다가가는 시도는 오히려 불편함을 초래할 수 있다.

상대방의 감정을 인정하는 것 역시 편안함을 제공하는 강력한 방법이다. "그런 일이 있었다니 실망스러웠겠네요"와 같은 표현으로 상대의 감정에 동조하기만 해도 충분한 위로가 될 수 있다. 상대의 감정이 과하거나 비합리적으로 보여도 판단하거나 비판하지 않는 태도를 유지해야 한다.

대화를 나눌 때 사람들은 말을 더 많이 하려 하지만, 신뢰는 역설적으로 상대가 스스로 말하게 만들 때 더욱 깊어진다. "네" 또는 "아니요"로 대답할 수 있는 폐쇄형 질문보다 "어떻게", "왜"로 시작하는 열린 질문을 활용하는 것이 좋고, 상대방의 답변에 기반한 후속 질문으로 지속적인 관심을 표현하면 더욱 도움이 된다. 때로는 침묵의 힘을 활용하여 상대방이 자신의 생각을 정리할 시간을 주는 것도 효과적이다.

심리학자 레이첼 보츠먼Rachel Botsman의 2017년 저서 『신뢰 이동Who Can You Trust?』(흐름출판, 2019)에 따르면, 신뢰는 또한 '일관된 행동의 반복'에서 생겨난다. 우리가 예측 가능한 행동을 할 때 상대방은 안정감을 느끼고 우리를 신뢰하게 된다. 그러나 동시에 너무 경직된 태도는 오히려 불편함을 줄 수 있다. 즉 일관성과 유연성의 균형을 보여야 한다는 것이다.

대니얼 카너먼은 『생각에 관한 생각』에서 "사람들은 논리보다 감정에 의해 더 많은 결정을 내린다"고 말한다. 즉, 상대방에게 신뢰를 얻고 편안함을 주려면 논리적인 설득보다 감정적인 연결을 만드는 작은 행동들에 신경 써야 한다. 감정적 연결을 만들기 위해서는 상대방의 삶에 구체적인 관심을 보이는 질문이 효과적이다. 또한 좋은 일뿐만 아니라 어려운 상황도 함께함으로써 깊은 유대감을 형성할 수 있다.

프랑스 작가 앙투안 드 생텍쥐페리Antoine de Saint-Exupéry는 "진정으로 잘 보려면 마음으로 봐야 한다. 본질적인 것은 눈에 보이지 않는다"라고 했다. 신뢰와 편안함도 마찬가지다. 이것들은 겉으로 드러나는 말이나 행동이 아닌, 그 뒤에 숨겨진 진정성과 배려에서 비롯된다. 상대가 나를 편하게 느끼게 만드는 것, 그것이야말로 소통에서 가장 중요한 첫걸음이며, 깊은 신뢰와 유대감을 형성하는 시작점이다.

대화를 주도하는
사람이 되는 연습법

> 대화란 타인을 향한 초대이자, 자신에 대한 초대다. 우리는 그 안에서 함께 살고 함께 변화한다.
>
> Conversation is an invitation to others and to oneself. In it, we live together and change together.
>
> – 마거릿 휘틀리Margaret J. Wheatley

대화를 주도한다는 것의 진정한 의미

대화는 삶의 모든 관계에서 가장 기본적이면서도 가장 복잡한 상호 작용이다. 그렇기에 의미 있는 관계를 지속하고 더욱 발전시키려면 대화를 적극적으로 이끌어 가는 능력이 반드시 필요하다. 대화를 주도한다는 것은 과연 무슨 의미일까?

말을 많이 하거나 강하게 주장한다고 해서 대화를 주도하는 것은 아니다. 흔히들 대화를 주도한다고 하면 상대를 지배하거나 압도하는 것으로 오해하지만, 진정한 주도는 상대를 존중하면서도 대화를 안전하게 이끌어 가는 호스트의 역할에 가깝다. 이는 관계를 유지하고 성장시키는 데 반드시 필요한 능력이다. 이러한 관점을 이해하는 데 있어 수년 전 MIT^{Massachusetts} Institute of Technology의 대니얼 김Daniel Kim이 제시한 '학습 조직 이론'은 깊은 통찰을 제공한다. 그는 조직 내에서 지속 가능한 소통이란 단순한 말재주가 아니라, 관계 안에서 '공동의 의미'를 창출하는 과정이라고 말하며 '의도적 대화'의 중요성을 강조한다. 즉, 대화를 우연히 흘러가도록 내버려두지 말고 관계의 성장과 지속을 목표로 한 채 '의도적으로' 설계해야 한다는 것이다.

우리의 인간관계에서도 이와 같은 원리가 적용된다. 배우자, 친구, 동료, 고객과의 대화가 갈등으로 끝나지 않고 더 깊은 신뢰로 발전하려면, 반드시 누군가가 대화를 주도해야 한다. 그러나 일상에서 우리는 종종 대화가 막히거나, 교착 상태에 빠지거나, 심지어 파괴적인 방향으로 흐르는 경험을 하게 된다. 이때 대화를 의도적으로 이끌어 갈 수 있는 능력이 필요하다. 주도적인 대화란 목적과 의미를 가진 장을 열고, 그 대화가 건설적인 방향으로 흘러가도록 안내하는 소통 방법이다.

책임감 있는 주도적 대화를 위한 몇 가지 방법

주도적인 대화를 위한 몇 가지 조언이 있다.

우선, 대화의 장을 안전하게 만들어야 한다.

캐나다의 심리학자 수 존슨은 감정적으로 깊이 연결된 관계일수록 대화의 초입에서 반드시 '안전감'이 확보되어야 한다고 강조한다. '우리 대화는 안전하다', '나는 당신을 비난하지 않는다'는 신호를 자연스럽게 전달하는 것이 주도적인 사람의 역할이다. 이러한 안전장치가 부재할 경우, 아무리 진심 어린 대화라도 결국 그 끝은 방어와 침묵일 뿐이다. 비난이나 판단의 두려움 없이 자신을 온전히 드러낼 수 있는 '대화의 방'을 만드는 것이야말로 진정한 주도적 대화의 첫걸음이다.

그다음으로는 경청해야 한다.

주도적인 대화자는 말하기보다는 듣는 사람이다. 상대의 말을 듣지 않으면 절대 대화를 제대로 이끌 수 없다. 관계를 유지하고 지속시키려면 먼저 상대의 언어에 귀 기울이고 그 말의 맥락을 이해해야 한다. 진정한 경청은 상대의 말에 담긴 감정, 필요, 가치까지 읽어 내려는 노력을 수반한다. 이러한 깊은 수준의 경청이 이루어질 때 상대는 비로소 자신이 진정으로 이해받고 있다고 느끼며, 이 느낌이 대화의 질을 결정짓는 핵심적인 요소가 된다.

화상 회의 같은 비대면 상황에서도 이러한 경청의 원칙은 동일하게 적용된다. 오히려 비대면 상황에서는 "지금 이야기를 잘 듣고 있어요"라고 명시적으로 표현하거나 "당신의 말에서 느껴지는 바는 이런 것 같은데, 맞나요?"라고 자주 확인하는 것이 좋다. 카메라를 켜고 고개를 끄덕이는 방법도 효과적이다.

<u>마지막으로, 다름을 조율하고 의미를 창조하는 연습이 필수적이다.</u>

하버드 대학교의 로버트 케건Robert Kegan은 『변화면역Immunity to Change』(정혜, 2020)에서 사람들이 변화와 소통을 두려워하는 이유는 기존의 의미 체계가 흔들리기 때문이라고 설명한다. 우리 역시 대화 속에서 종종 의견 불일치와 갈등에 직면한다. 많은 이가 이러한 불편함을 피하고자 차이를 무시하거나 자신의 관점을 고수하거나 아예 대화를 회피하는 경향을 보인다. 그러나 주도적인 사람은 바로 이 지점에서 빛을 발한다. 다름을 무시하거나 제거하려 하지 않고, 오히려 대화의 새로운 재료로 삼아 공동의 의미를 함께 만들어 가는 것이다.

대화를 주도한다고 해서 더 많이 말할 필요는 없다. 관계를 지속시킬 수 있는 흐름을 만들기만 하면 된다. 이 주도권은 '권력'이 아니라 '책임'이다. 상대를 환대하고, 경청하며, 다름을 조율할 수 있는 용기 속에서 비로소 발휘되는 '능력'이다.

대화의 목적을 설정하는 법

소통에서 가장 중요한 것은 상대방이 말하지 않은 것을 듣는 것이다.
The most important thing in communication is hearing what isn't said.

– 피터 드러커 Peter Drucker

왜 마음과 다른 말을 내뱉는 걸까?

식탁 위에서 벌어진 작은 사건 하나가 의외로 많은 것을 깨닫게 한다. 친구 집에서 같이 저녁을 먹던 평범한 시간, 따뜻한 국물과 정성스럽게 차려진 반찬들로 둘러싸인 그곳에서 친구의 여동생이 실수로 국그릇을 엎지르며 식탁보와 바닥을 적셨다. 순간, 친구의 아버지가 날카로운 말을 내뱉었다. "넌 왜 항상 이런 식이냐?" 그 짧은 한마디에 여동생은 고개를 푹 숙였고 식탁은 차갑고 무거운 침묵에 잠겼다. 시간이 지나 친구가 담담히 털어놓았다. "우리 아버지, 사실은 걱정한 거야. 동생이 요즘 안 좋은 일을 겪어서 아버지도 스트레스가 많거든. 그런데 제대로 표현은 못 하고 화부터 내신 거지." 그분은 걱정이 되어 한 행동이었지만 입 밖으로 나온 말은 오히려 상처를 남겼다.

우리는 왜 마음과 다른 말을 내뱉게 되는 걸까? 어떻게 해야 진심을 담은 대화를 할 수 있을까? 갈등의 순간에 우리는 상대를 이기려는 말, 논리로 꺾으려는 말을 준비하곤 한다. 속으로는 상대가 내 진심을 알아주길 바라면서도 입 밖으로는 '이기기 위한 말'만 나온다. 이런 상황을 두고 미국의 사회 심리학자 마이클 니컬스Michael Nichols는 갈등 대화의 본질적인 실패를 명확히 지적한다. "사람들은 상대의 얘기를 듣지 않는다. 더 정확히 말하면, 무엇을 들으려는지도 모른 채 말한다."

대화가 목적 없이 감정에만 휘둘리면 결국 걷잡을 수 없는 다툼으로 번진다. 그러나 대화의 목적을 명확히 하기만 해도 상황은 달라진다. 갈등 속에서도 단단한 닻처럼 흔들림이 없어진다.

우리는 종종 감정의 포로가 되어 말한다. "왜 또 그래?", "넌 항상 그래", "도대체 몇 번을 말해야 돼?". 이 말들은 "나 좀 알아줘", "나 지금 외로워", "나한테 신경 써줘" 대신 튀어나온 것이지만 상대는 내 속내를 읽을 수 없다. 특히 가까운 사람일수록 말하지 않아도 알리라는 기대가 커서 더욱 크게 실망하는 상황이 벌어지고는 한다. 그러나 우리는 상대방은 내 마음을 모른다는 점을 간과한다. 말하지 않으면 알 수 없고, 잘못 말하면 왜곡

된다. 대화는 마음을 꺼내는 일인데 목적 없이 입을 열면 감정이 먼저 터지고 만다. 시작부터 화로 번진 대화는 논쟁으로 이어지고, 끝내 후회만 남는다.

대화 목적을 설정하는 질문들

그렇다면 어떻게 해야 할까?

우선, '무엇을 바라고 있는가?'라고 자신에게 질문해 보아야 한다. 대부분의 갈등은 질문 없이 시작된다. 상대를 이기고 싶은지, 내 감정을 알아주길 바라는지, 해결책을 찾고 싶은지조차 정리하지 않은 채 말하니 당연히 말끝마다 감정만 쏟아진다. 마이클 니컬스는 말한다. "목적이 불분명하면 상대 역시 어디에 초점을 맞춰야 할지 모른다. 하지만 목표가 분명하면 말의 내용, 목소리, 표정까지 바뀐다."

다음으로 물어야 할 질문은 '바라는 바를 말로 옮길 준비가 되었는가?'다.

감정에 휩쓸린 상태로 대화하면 결국 감정의 찌꺼기만 남는다. 화가 난 얼굴로 "너 또 왜 그러는데?", "넌 항상 그래!"라고 내뱉으면 이미 대화는 끝이다. 상대가 바쁜 순간, 지친 순간, 이미 방어적인 자세를 취한 순간에는 내 말이 닿지 않기도 한다. 그럴 때는 "잠깐 얘기할 수 있을까?", "네 입장을 잘 알고 싶어"

같은 말로 대화의 문을 여는 것도 방법이다.

'목표를 담은 표현'을 쓰는 데에도 신경을 기울여야 한다.

"왜 또 늦었어?" 대신 "오늘 좀 외로웠어, 네가 늦으니까 많이 기다렸거든", "그만해!" 대신 "나는 지금 이 상황에서 좀 속상하고 힘들어"라고 말하면 상대는 지적당했다기보다 내 마음을 전해 들었다고 느낀다.

사회학자 마거릿 웨더럴Margaret Wetherell은 "소통에서 중요한 건 논리가 아니라 목표"라고 말한다. 대부분의 사람은 논리로 상대를 설득하려 하지만, 상대는 내 논리를 듣기 전에 '이 사람은 지금 나를 이기려고 하는 건가?'라고 먼저 생각한다. 그러나 싸우려는 게 아니라 함께 잘 지내고 싶다는 목적을 명확히 담는다면, 그 말은 상대를 움직인다.

식탁으로 다시 돌아가 보자.

만약 아버지가 "너 혹시 요즘 힘든 건 없니?"라고 묻고 여동생이 사실대로 말했다면 어땠을까? 국물은 쏟았을지라도 식탁에 흐르는 공기만큼은 따뜻했을 것이다.

대화를 하는 이유는 상대를 꺾기 위함도, 이기기 위함도 아니다. 단지 '너와 잘 지내고 싶다', '네가 소중하다', '내 마음을 알아줬으면 한다'는 진심 때문이다. 우리의 언어가 가진 진정한 힘은 그 뒤에 자리한 의도에서 비롯된다. 명확한 의도와 목적은 감정의 소용돌이 속에서도 우리를 안전하게 지켜 주는 등대가 된다.

우리가 진정으로 추구해야 할 것은 말의 기교나 논리가 아니라, 그 말이 품고 있는 진심이다. 그때 비로소 대화는 갈등의 끝이 아니라 연결의 시작이 된다.

사람을 움직이는
스토리텔링 공식

이야기라는 것은 삶 그 자체를 더 강렬하고, 명확하며, 의미 있는 경험으로 창의적으로 바꾸는 것이다.
Stories are the creative conversion of life itself into a more powerful, clearer, more meaningful experience.

– 로버트 맥키Robert McKee

말은 머리에 닿지만, 이야기는 가슴에 남는다

많은 이가 "저는 이야기를 잘 못 해요"라고 하지만, 실은 우리는 매일 이야기를 하고 있다. 다만 공감을 끌어내느냐 아니냐의 차이가 있을 뿐이다. 좋은 스토리텔링은 완벽한 화술보다 솔직한 진심, 잘 구조화된 흐름에서 시작된다.

스탠퍼드 대학교Stanford University 경영 대학원의 마케팅 교수 제니퍼 아커Jennifer Aaker는 "스토리 기반 정보는 일반적인 정보보다 스무 배 더 잘 기억된다"고 말한다. 사람은 이성보다 감정을 통해 설득되기 때문이다. 감정은 이야기 속에서 생생하게 움직이며, 사람을 설득으로 이끈다. 문학 연구자이자 『스토리텔링 애니멀The Storytelling Animal』(민음사, 2014)의 저자 조너선 갓셜Jonathan Gottschall은 인간이 본질적으로 이야기 중심적인 존재임을 강조하며, 우리는 이야기를 통해 사회적 문제를 해결하고 문화를 전달하며 인지 능력까지 확장한다고 말한다.

인간의 뇌는 이야기를 처리하도록 진화해 왔다. 신경 과학자들의 연구에 따르면, 이야기를 들으면 우리 뇌는 마치 그 이야기를 실제로 경험하는 것처럼 반응한다. 하버드 대학교의 뇌과학자 제럴드 잘트먼Gerald Zaltman은 인간 의사 결정의 95%가 무의식적으로 이루어지며, 이때 이야기가 강력한 영향을 미친다고 설명한다.

좋은 이야기는 감각적 경험을 불러일으킨다. 감동적인 영화를 볼 때 눈물을 흘리고, 무서운 이야기를 들을 때 심장이 빨리 뛰는 것은 이야기가 우리 몸에 실제적인 생리적 반응을 일으키기 때문이다. 이것이 바로 스토리텔링이 단순한 정보 전달보다 훨씬 효과적인 이유다.

사람의 마음을 끄는 스토리텔링의 공식

공감을 불러일으키는 이야기에는 몇 가지 공식이 있다.

첫째, 주인공의 갈등과 두려움을 공유하며 독자의 마음을 연다.

주인공의 취약함과 인간적인 면모를 보여 주는 것이 중요하다. 완벽한 영웅보다 결함 있는 주인공이 더 공감을 얻는 이유는 우리 모두가 불완전하기 때문이다. 스타벅스의 하워드 슐츠 Howard Schultz는 회고록에서 가난했던 어린 시절과 아버지의 실직으로 인한 트라우마를 솔직하게 공유함으로써 그의 기업가 정신과 직원 복지에 대한 열정을 더욱 진정성 있게 전달했다.

둘째, 이야기의 범위를 '나'에서 '우리'로 확장시키며 공감을 넓힌다.

개인의 문제가 어떻게 공동체적 의미를 갖는지 보여 줌으로써 청중이 이야기를 자신의 경험과 연결하도록 한다. 말랄라 유사프자이Malala Yousafzai는 자신의 교육권 투쟁을 모든 소녀의 교육 문제로 확장시키며 전 세계적인 공감을 얻었다. 이처럼 개인적 경험이 보편적 메시지로 확장될 때, 청중은 그 이야기 속에서 자신의 위치를 찾게 된다.

셋째, 갈등 속에서의 도전과 변화, 대립과 선택의 순간들을 보여 주며 긴장을 고조시킨다.

주인공이 겪는 시련과 성장 과정이 이야기의 핵심이 된다. 시나리오 작가 로버트 맥키는 "진정한 캐릭터는 선택의 순간에 드러난다"고 말했다. 이야기의 힘은, 바로 이 선택의 순간들을 통해 청중이 주인공과 함께 고민하고 성장하게 만드는 데 있다. 갈등 없는 이야기는 단지 사건의 나열에 불과하며, 감정적 여정이 없다면 청중의 마음을 움직일 수 없다.

마지막으로, 단순한 결론이 아닌 새롭게 열린 시선으로 독자에게 울림을 남긴다.

변화된 관점과 통찰을 제시함으로써 청중에게 사고의 전환을 이끌어 내야 한다. 이러한 구조는 단지 기술이 아니라 상대의 마음에 자리를 마련하는 진심의 방식이다.

인간의 본능, 스토리텔링

인지 심리학자 로저 섕크는 우리는 사건 자체보다 그 사건을 어떻게 해석했는지를 이야기로 기억한다고 말했다. 결국 사람은 경험보다 해석을, 정보보다 맥락을 더 오래 기억하는 존재인 것이다. 이야기는 이러한 심리적 구조를 뚫고 들어가 상대의 방어를 무너뜨린다. 그저 내 주장을 전달하는 것이 아니라 상대가 그 이야기 안에 스스로를 위치시키게 만든다는 점에서 스토리텔링은 강력하다.

유명한 설화 연구자 조지프 캠벨Joseph Campbell의 '영웅의 여정' 이론은 전 세계 모든 문화권의 이야기에서 발견되는 보편적 구조를 보여 준다. 이는 스토리텔링이 단순한 기술이나 문화적 습관이 아니라 인간의 보편적 심리와 깊이 연결된 원형적 경험임을 시사한다.

말은 머리에 닿지만 이야기는 가슴에 남는다. 그렇기에 스토리텔링은 설득의 기술이 아니라 공감의 구조이며, 관계를 연결하는 도구다. 세상을 바꾸는 건 거창한 담론이 아니라 조용히 이어진 이야기 한 줄이다.

말은 전파되지만 이야기는 잊히지 않는다. 그리고 기억되는 이야기 속에서, 우리는 함께 변화한다.

감정을 움직이는
한 문장의 법칙

> 한마디 진실이 온 세상보다 더 무겁다.
>
> One word of truth outweighs the world.
>
> – **알렉산드르 솔제니친**Aleksandr Solzhenitsyn

세상을 바꾸는 한 문장의 힘

비 내리는 쓸쓸한 가을 저녁, 캐나다 밴쿠버 외곽의 한 청소년 센터에서 리더십 워크숍이 열리고 있었다. 우울증과 자살 시도로 입원했던 열일곱 살 소년 제이슨은 그날 처음으로 자신의 이야기를 나누기로 결심했다.

떨리는 손으로 마이크를 잡은 그는 자신이 겪었던 끝없는 어둠과 절망의 순간들을 담담하게 풀어냈다. 부모님의 이혼, 학교에서의 따돌림, 그리고 자신을 향한 끝없는 자책의 나날. 모두가 숨죽인 침묵 속에서 제이슨은 병원 침대에 누워 쓴 편지를 꺼내 들었다.

"그날 밤, 모든 것을 포기하기로 했어요. 하지만 병실 창문 너머로 보이는 하늘에 유독 밝게 빛나는 별 하나가 보였죠. 그때 문득 어릴 적에 할머니가 해주셨던 이야기가 떠올랐어요. 모든 별은 누군가의 이야기라고요."

제이슨은 숨을 고르며 계속했다.

"그 순간 깨달았어요. 내 이야기가 끝나선 안 된다는 것을. 제가 어떤 결말을 만들지는 아직 정해지지 않았다는 것을요."

그리고 그는 워크숍 참가자들을 향해 천천히, 또렷하게 말했다. "Your story is not over yet(당신의 이야기는 아직 끝나지 않았어요)."

그 순간 강당은 완전한 침묵에 잠겼다. 같은 고통을 겪었던 여러 청소년의 눈에서 눈물이 흘러내렸다. 참가자 중 한 소녀는 나중에 이렇게 회상했다. "그 말이 제게는 누군가가 던져 준 생명 줄처럼 느껴졌어요. 제이슨의 이야기를 들으며 처음으로 '나만 이런 게 아니구나'라고 생각했죠."

이 작은 고백은 예상치 못한 변화를 가져왔다. 제이슨이 말한 문장 'Your story is not over yet'은 센터의 공식 슬로건이 되었고, 청소년들은 이 문구가 새겨진 팔찌를 만들어 서로에게 나눠 주었다. 6개월 후, 지역 학교들이 연합하여 청소년 자살 예방 캠페인을 했을 때도 이 문장이 중심 메시지가 되었다.

가장 놀라운 변화는 제이슨 자신에게 찾아왔다. 자신의 이야기가 다른 이에게 의미를 주는 경험을 한 그는 청소년 상담 자원 봉사를 시작했고, 2년 후에는 그 지역의 정신 건강 프로그램을 이끄는 젊은 리더가 되었다.

삶의 끈을 위태롭게 잡고 있는 청소년들에게 이 간단한 문장은 서로를 지탱하는 힘이 되어 주었다. 이런 경험은 문장이 지닌 힘을 다시금 돌아보게 한다. 알렉산드르 솔제니친의 말처럼, 진심이 담긴 한 문장은 때로 세상의 무게보다 더 무겁다.

마음에 각인되는 문장의 3가지 조건

그렇다면 어떤 문장이 마음에 깊이 각인되고 삶의 방향까지도 바꾸게 하는 걸까? 그 해답은 감정, 의외성, 이야기에 있다.

무엇보다 중요한 건 감정이다. 순간의 논리를 자극하는 문장은 고개를 끄덕이게 할 수는 있어도 시간이 지나면 쉽게 잊힌다. 하지만 가슴을 뛰게 만드는 감정이 담긴 문장은 오랫동안 기억에 남는다. 인간은 머리보다 가슴으로 기억하는 존재다.

2019년 겨울, 프랑스 파리 북부의 작은 난민 쉼터 '메종 드 에스푸아르Maison de l'Espoir(희망의 집)'에서 있었던 일이다. 국경 없는 의사회 소속 자원 봉사자 소피 로랑은 시리아에서 온 11세 소녀 아미라와 대화를 나누고 있었다. 아미라의 가족은 폭격으로 집을 잃고, 위험한 지중해 항로를 통해 유럽에 도착한 지 3개월이 되어 가고 있었다.

그날 소피는 쉼터에서 열린 커뮤니티 미팅에서 한 현지 주민이 이 지역에 난민이 너무 많아졌다고 불평하는 모습을 목격했다. 그 이야기를 아미라에게 어떻게 설명할지 고민하는데 오히려 아미라가 소피의 손을 잡고 말했다.

"언니, 사람들이 왜 우리를 싫어하는지 알아요. 하지만 우리는 누군가의 문제가 아니라, 누군가의 딸이에요."

소피는 그 순간을 이렇게 회상했다. "아미라의 눈에는 슬픔이 아닌 강인함이 있었어요. 그 문장은 저에게 번개처럼 다가왔죠. 그동안 난민을 '문제'나 '사례'로만 바라보던 저의 시선까지도 바꿔 놓았습니다."

소피는 그 문장을 쉼터의 벽에 포스터로 만들어 붙였고, 얼마 지나지 않아 국경 없는 의사회의 후원 캠페인 주제가 되었다. 이 캠페인은 예상을 뛰어넘는 반응을 얻었다. 한 달 만에 평소보다 세 배 많은 후원금이 모였고, 수백 명의 자원 봉사자가 새롭게 등록했다.

더욱 놀라운 것은, 이 캠페인이 프랑스 교육부의 주목을 받아 파리 지역 쉰 개 학교에서 난민 인식 개선 프로그램의 주제가 된 것이다. 학생들은 '누군가의 딸, 누군가의 아들'이라는 주제로 난민 가족들의 이야기를 배우며 공감하는 시간을 가졌다.

이후 아미라의 가족은 프랑스에 정착했고, 아미라는 현재 파리 근교의 학교에 다니며 자신과 비슷한 경험을 가진 아이들을 돕는 청소년 그룹을 이끌고 있다. 그녀가 던진 한 문장의 파급력은 자신의 삶뿐만 아니라 수천 명의 난민과 그들을 바라보는 시선까지 바꾸어 놓았다. 이것이 바로 감정이 깃든 언어가 가진 힘이다.

또한 사람들에게 각인되는 문장은 예상을 벗어난다. 매일 듣는 표현, 어디서 본 적 있는 문구는 뇌가 자동으로 걸러 낸다. 신경 과학 연구에 따르면, 우리의 뇌는 익숙한 자극에 대해 '적응성 무시'라는 메커니즘을 발동시킨다. 하지만 낯설고 예기치 못한 순간에 튀어나온 진실은 강하게 남는다. 노르웨이 오슬로에서 열린 TEDx 무대에서 한 청년은 이렇게 말했다. "내 우울증을 숨기지 않기로 했다. 가끔은 나 같은 놈도 누군가에게 희망이 될 수 있으니까." 이 고백은 많은 이의 마음을 흔들어 조회수 100만을 넘기며 전 세계로 퍼졌고, 지금도 수많은 상담소 벽에 걸려 위로의 역할을 하고 있다. 진실은 어디에서 나오는가보다 언제, 어떤 방식으로 전해지는가가 중요하다. 그것이 단순한 문장을 그 이상의 의미로 승화시킨다.

그리고 결정적으로, 기억을 남기는 문장은 이야기를 품고 있어야 한다. 아무리 감정을 자극하는 문장이라도 이야기가 없으면 공허하게 들릴 수밖에 없다. 우리는 문장보다 그 문장이 놓인 이야기 전체를 기억하는 존재다. 인지 심리학자들은 이를 '내러티브 기반 기억narrative-based memory'이라고 부른다. 인간의 뇌는 정보를 개별적 사실로 저장하기보다 연결된 이야기 구조로 조직화하는 데 특화되어 있다. 결국 문장이 강력해지기 위해선, 그 문장이 삶의 맥락 위에 얹혀 있느냐가 관건이다. 앞서 언급한 소년의 외침, 난민 소녀의 울림, TEDx 연사의 고백이 강하게 남는 이유도 그 안에 살아 숨 쉬는 이야기가 있기 때문이다.

이 3가지가 완벽하게 어우러질 때 문장은 정보가 아닌 감동으로 남는다. 복잡한 대화 속에서도 가장 마지막까지 남는 건 결국 한 문장이고, 그 문장이 때로는 관계를 회복시키고 오래된 갈등을 풀기도 한다.

강력한 문장은 프레임을 만든다

미국의 인지 언어학자 조지 레이코프George Lakoff는 "인간은 사실보다 프레임을 기억한다"고 했다. 우리의 사고는 사실 그 자체보다는 그 사실이 놓여 있는 틀에 의해 형성되는데, 그 프레임을 만드는 가장 효과적인 방식이 바로 '한 문장'이다. 강력한 한 문장은 그 자체로 우리가 세상을 바라보는 창이 된다. 실제로 이런 방식은 현장에서 더욱 강한 영향력을 발휘한다.

2016년 7월의 무더운 오후, 방글라데시 다카 외곽의 코라일 빈민가에 28세의 사회 복지사 아이샤 베굼이 도착했다. 옥스팜Oxfam의 지원을 받아 문해력 향상 프로그램을 시작하기 위해서였다. 그러나 그녀를 맞이한 것은 냉담한 시선과 무관심뿐이었다.

"처음 도착했을 때, 주민들은 저를 또 다른 외부인, 그들을 '고치러' 온 사람으로만 여겼어요. 그들은 수십 년간 다양한 NGO와 정부 프로그램에 실망해 왔죠. 한 노인은 제게 '우리는 당신들의 시험 대상이 아니다'라고 직설적으로 말했습니다."

그날 저녁, 마을 지도자의 집에서 열린 공동체 모임에 30여 명의 주민이 참석했지만 누구도 아이샤의 교육 프로그램에 관심을 보이지 않았다. 긴장된 침묵 속에서 그녀는 준비해 온 공식적인 설명 대신 다른 접근법을 시도하기로 했다.

"먼저 제 이야기를 나눴어요. 제 아버지도 문맹이셨고, 그것이 평생 그를 괴롭혔다고요. 그러고 나서 모든 통계 자료와 프로그램 설명을 접어 두고, 그저 이렇게 말했습니다. '가난은 여러분의 잘못이 아니에요.'"

그 말을 듣자 한 중년 여성이 눈물을 흘렸다. 그녀는 평생 가난과 문맹이 자신의 잘못된 선택과 게으름 때문이라고 믿어 왔다고 고백했다. 다른 주민들도 하나둘 자신의 이야기를 나누었다.

무하마드라는 이름의 40대 남성은 "당신은 우리를 판단하지 않은 첫 번째 사람"이라며 아이샤의 손을 잡았다. 그날 밤 모임이 끝날 무렵, 주민 스물다섯 명이 문해력 프로그램에 등록했다.

이후 석 달 동안 아이샤의 프로그램 참여율은 이전 어떤 교육 프로그램보다 63% 높았다. 그녀의 접근법은 다카 전역의 다른 빈민가 프로젝트에도 적용됐다. 특히 주목할 만한 점은, 프로그램에 참여한 여성들이 스스로 '코라일 교육자 협동조합'을 결성하여 자체적인 문해력 교실을 운영했다는 것이다.

라니아라는 이름의 참가자는 이렇게 회상했다. "아이샤가 말한 '가난은 당신의 잘못이 아니다'라는 문장이 저의 삶을 바꿨어요. 그 말을 들었을 때, 처음으로 수치심 없이 배울 수 있겠다고 느꼈습니다. 이제 저는 그 말을 제 딸에게도 매일 해줍니다."

옥스팜이 2년 후 실시한 후속 조사에 따르면 코라일 지역의 성인 문해율은 23%에서 51%로 크게 상승했다. 그러나 아이샤는 가장 중요한 성과는 수치가 아니라 사람들의 자존감 회복이었다고 강조한다.

"단 한 문장이 모든 것을 바꿨어요. 그들이 필요로 했던 것은 정교한 교육 프로그램이 아니라, 자신의 상황을 새로운 시각으로 바라볼 수 있는 프레임이었죠."

우리는 왜 말을 할까? 정보를 전달하기 위해서일까, 아니면 누군가의 마음을 흔들기 위해서일까? 문장의 힘은 단지 그 순간의 울림에 그치지 않는다. 우리의 사고방식을 재구성하고, 행동의 방향을 바꾸며, 때로는 삶 전체의 궤도를 수정하기도 한다.

정보의 홍수 시대다. 하루에도 수천 개의 메시지가 우리를 스쳐 지나가지만, 대부분은 기억조차 나지 않는다. 그중에서 오직 몇 문장만이 가슴에 새겨져 시간이 지나도 선명하게 남아 있다. 그것이 바로 한 문장이 지닌 진정한 힘이다.

그래서 우리는 각자의 문장을 가져야 한다. 누구의 말도 아닌, 내 삶과 감정이 담긴 단 하나의 문장을. 위대한 지도자들과 변화를 만든 사람들은 모두 자신만의 강력한 문장을 가졌다. 그들의 삶과 업적도 결국은 그들이 남긴 한 문장을 통해 기억된다.

자신의 진실을 담은 한 문장은 단순한 언어 표현을 넘어, 세상을 바꾸는 불씨가 될 수 있다. 그 문장이 누군가의 마음에 별처럼 박히고, 어두운 밤을 비추는 길잡이가 되길 바라는 마음으로, 나는 오늘도 한 문장을 찾아 나선다.

당신은 어떤 문장으로 기억되고 싶은가? 당신의 삶을 바꾼 문장은 무엇이었는가?

7장

관계의 붕괴와
재건에 대하여

관계를 망치는 5가지
대화 패턴

신이 우리에게 두 개의 귀와 하나의 혀를 준 이유는 말하는 것보다
두 배로 많이 듣게 하기 위해서다.
We have two ears and one mouth so that we can listen twice
as much as we speak.

– 에픽테토스Epictetus

진정한 소통은 상대의 반응에 의해 결정된다

우리는 매일 수많은 대화를 나눈다. 아침에 가족과 간단한
인사를 주고받고, 직장에서 동료들과 업무를 조율하고, 친구들
과 농담을 공유한다. 종일 말하고 듣지만, 정말로 이해받는다고
느끼는 순간은 얼마나 될까? 대화는 계속 이어지지만 정작 상대
의 말이 내 마음을 깊이 울리는 경우는 드물고, 내가 건넨 말이
상대에게 온전히 닿는 경험도 흔치 않다.

많은 사람이 이렇게 말한다. "제 생각을 충분히 논리적으로
설명하고 감정을 솔직하게 표현하는데 왜 상대는 오해하는 걸

까요?" 우리는 소통을 '내가 하고 싶은 말을 정확하게 하는 것'이라고 착각한다. 하지만 진정한 소통은 상대가 내 말을 어떻게 받아들이는지에 의해 결정된다. 아무리 명확하고 타당한 말을 한다 해도, 상대가 불편함을 느끼거나 방어적으로 반응한다면 그 대화는 실패한 것이다.

결국 문제는 '말을 잘하는 기술'이 아니라 '상대를 이해하려는 태도'다. 무의식적으로 우리는 상대를 이해하기보다 설득하려 하고, 공감하기보다 논리적으로 이기려 한다. 상대와 진정으로 연결되려면 우리가 반복하는 특정한 대화 패턴을 점검해야 한다. 지금부터 살펴볼 5가지 대화 패턴은 우리가 아무런 의심 없이 습관적으로 사용하는 것이지만, 상대와의 거리를 멀어지게 만드는 가장 큰 원인이다.

첫째, 승패를 가르는 대화.

많은 사람이 대화와 설득을 착각한다. 상대의 생각을 바꾸고, 나의 입장이 더 타당함을 입증하려 하는 것이다. 하지만 대화로 누군가를 이기려는 순간 소통은 단절된다. 말이 오가더라도, 상호 이해를 위한 과정이 아니라 논쟁과 방어의 장이 된다.

문제는 이기는 사람이 누구냐가 아니다. 상대방이 이해받지 못했다고 느낀다면 그 순간부터 감정에 벽이 생기고 관계에 균열이 일어난다.

진정한 소통은 내 생각이 맞음을 증명하는 게 아니라 상대가 왜 그렇게 생각하는지 이해하는 과정에서 시작된다. 의견을 맞추기만 하는 것이 아니라, 그 의견이 형성된 배경을 알아 가는 것이다. 상대의 감정을 존중하는 순간 갈등은 줄어들고 대화는 협력의 장으로 변한다.

둘째, 공감 없는 분석형 대화.

우리는 종종 감정보다 논리를 더 중요하게 생각한다. 합리적인 해결책 제시가 최선이라고 믿으며, 감정적인 접근보다는 이성적인 접근이 더 실용적이라고 생각한다. 하지만 소통에서 핵심은 논리가 아니라 공감이다. 논리가 아무리 타당해도 상대가 감정적으로 위로받지 못하면 그 대화는 실패한 것이나 다름없다.

친구: 나 요즘 너무 힘들어. 회사에서 스트레스가 심해.
나: 그럼 이직을 준비해 보는 게 어때?

논리적으로 이 답변은 타당하다. 조언을 제공했으므로 겉으로 보기엔 적절해 보인다. 하지만 친구는 이 사람이 내 감정보다는 해결책에만 관심이 있다고 느낄 가능성이 크다. 상대가 원하는 것은 해결책이 아니었을 수도 있다. 그저 자신의 감정을 이해해 주고 공감해 주는 사람이 필요했을 뿐이다.

공감은 단순한 말 이상의 의미를 가진다. 상대의 감정을 인정하고 그 감정에 함께 머무르는 일이다. 대화를 통해 관계를 쌓고 싶다면 해결책을 제시하기보다 공감하는 태도를 먼저 가져야 한다.

셋째, 겉으로만 듣는 대화.

우리는 상대의 말을 듣는 척하면서도, 사실은 다음에 할 말을 머릿속으로 준비하고 있다. 이러한 태도는 진정한 소통을 가로막는다. 듣는 행위는 귀로 소리를 수용하는 것을 넘어선, 상대의 세계로 들어가는 적극적인 과정이다.

심리학자 테리사 와이즈먼Teresa Wiseman은 공감적 경청의 네 요소를 제시한다. 상대의 관점 이해하기, 비판 삼가기, 상대의 감정 인식하기, 그 감정 전달하고 확인하기다. 우리는 이 요소들을 놓치는 경우가 많다. 그저 맞장구를 치거나 고개를 끄덕이는 정도로는 충분하지 않다. '진심으로 내가 이해받고 있구나'라고 상대가 느낄 수 있어야 한다.

아이가 학교에서 있었던 일을 신나게 이야기할 때를 생각해 보자. 스마트폰을 보면서 "응, 그래"라고 대답한다면, 아이는 부모가 듣고 있지 않다는 사실을 금방 알아차린다. 반면, 스마트폰을 내려놓고 아이의 눈을 바라보며 "그래서 선생님이 뭐라고 하셨어?"라고 물어본다면, 아이는 자신의 이야기가 중요하게 여겨진다고 느낄 것이다. 이러한 적극적 경청을 통해 아이는 존중받게 되고, 자기 가치감을 쌓는다.

듣기는 신뢰를 쌓는 중요한 행위다. 상대의 말을 듣는 동안 반박할 생각을 멈추고, 조언하기 전에 충분히 공감하는 태도를 가져야 한다. 경청은 가장 강력한 소통 도구이며 관계를 깊게 만드는 핵심 열쇠다.

넷째, 과잉 솔직함.

솔직함은 인간관계에서 중요한 덕목이다. 하지만 그 솔직함이 상대의 감정을 고려하지 않은 채 날것 그대로 표현될 때, 대화는 대립으로 흘러가고 관계는 쉽게 깨진다. 진실을 말하는 것 자체가 아니라, 어떻게 전달하느냐가 중요하다.

'샌드위치 기법'을 활용하면 솔직하게 말하면서도 상대를 배려할 수 있다. 이는 부정적인 피드백을 긍정적인 내용 사이에 끼워 넣는 방법이다. "이 프레젠테이션은 구성이 명확해서 좋았어. 다만 몇 가지 데이터는 최신 자료가 아닌 것 같은데, 이 부분을 업데이트하면 훨씬 더 설득력이 있을 것 같아. 전체적인 콘셉트는 정말 창의적이야"와 같이 표현하는 것이다.

말은 칼과 같아서, 적절하게 사용하면 문제를 해결하는 도구가 되지만 거칠게 휘두르면 상대에게 깊은 상처를 남긴다. 불교에서는 '정확한 말하기'라는 개념을 강조한다. 진실을 말하되, 상대에게 도움이 되도록, 적절한 시점에, 존중하는 방식으로 전달되어야 한다는 것이다.

솔직함과 배려는 대립하는 개념이 아니다. 오히려 상대를 배려하는 방식으로 피드백을 할 때 대화는 더욱 생산적일 수 있다. 솔직함을 핑계로 상대에게 상처를 주는 것이 아니라 존중을 바탕으로 진실을 전달하는 것이 진정한 소통이다.

다섯째, 호기심 없는 대화.

자신이 열린 태도를 가졌다고 생각하는 이들조차도 막상 자기 생각과 다른 관점을 접하면 방어적인 태도를 취하는 경우가 많다. 그러나 진정한 소통은 나의 틀을 강화하는 것이 아니라 확장하는 과정에서 이루어진다.

물리학자 리처드 파인만Richard Feynman은 1974년 캘리포니아 공과 대학California Institute of Technology 졸업식 연설에서 "어떤 것을 완전히 이해하려면, 우선 내가 틀릴 수도 있다고 가정해야 한다"고 말했다. 이 말은 단순한 과학적 원리를 넘어 우리가 타인의 관점을 대하는 태도에 중요한 통찰을 제공한다. 내 생각을 내려놓고 다른 사람의 생각에 호기심을 가져야 가능한 자세이기 때문이다.

호기심은 대화의 문을 여는 열쇠고, 판단은 그 문을 닫아 버린다. 우리는 관계 속에서 종종 상대를 재단하고 평가하려 들지만 진짜 대화는 판단이 아니라 탐색에서 출발한다. 모든 걸 이미 알고 있다는 태도가 아니라 열린 자세로 마주할 때 우리는 더 깊은 관계를 만들어 갈 수 있다. 결국 대화의 목적은 서로를 더 잘 이해하는 데 있다.

좋은 관계를 유지하는 사람들의 대화 습관

> 관계의 깊이는 말의 양이 아닌, 그 말이 담긴 진심의 온도로 결정된다.
>
> The depth of a relationship is not determined by the quantity of words, but by the warmth of sincerity contained within them.
>
> – 테레사 수녀Mother Teresa

한마디 말에 담긴 소중한 진심

김영수 씨 부부는 30년을 함께했다.

남편 김영수 씨는 은퇴 후에도 여전히 말수가 적고 무뚝뚝했다. 세월이 흐르며 함께한 시간이 많아질수록, 무심하게 굳어진 말투와 행동은 당연해졌다. 그런 남편에게 아내는 하루도 빠짐없이 밤마다 같은 말을 건넸다. "여보, 차 마셨어?" 어찌 보면 참 평범한 말이었다. 남편은 대수롭지 않게 "응, 마셨어"라고 대답하거나, 피곤한 날에는 귀찮다는 듯 아예 대답을 하지 않았다. 그러던 어느 날, 아내가 갑작스럽게 쓰러져 중환자실에 입원했다. 차가운 병원 창가에 홀로 선 남편은 병상에 누운 아내를 바라보다 문득 깨달았다. 그 질문은 단순한 확인이 아니었다는 걸. "여보, 난 당신을 신경 쓰고 있어. 당신이 소중해"라는 말의 또 다른 표현이었다. 그날 이후 남편은 매일 병원에서 혼잣말처럼 똑같은 말을 반복했다. "여보, 차 마셨어?" 그러나 대답을 들을 수 없었다. 침묵만이 대답으로 되돌아오던 어느 날, 아내가 의식을 찾고 눈을 떴다. 남편은 가장 먼저 "여보, 차 마셨어?"라고 속삭였고, 아내는 눈물을 흘리며 고개를 끄덕였다. 그 짧은 말 속에서 그들은 이미 오래전부터 이어져 온 진심을 확인했다.

　　말을 잘한다고 해서 좋은 관계를 유지할 수 있는 것은 아니다. 관계를 지키는 습관을 가져야 한다. 상대에게 심리적 안정감을 주는 소통을 반복하며, 말보다 중요한 '지속 가능한 신뢰'를 천천히, 단단히 쌓아 올려야 하는 것이다. 이런 이들은 소통이 관계를 지키는 본질임을 안다. 영국의 심리학자 로빈 던바Robin Dunbar는 인간의 대화 중 65%가 관계 유지를 위한 것이라 말했다. 그의 연구에 따르면, 우리는 본능적으로 관계를 이어 가기 위해 대화한다. 그래서 좋은 관계를 가진 사람은 말보다 먼저 관계를 생각한다. 언뜻 보면 별일 아니라고 넘길 수 있는 이야기조차 쉽게 흘려보내지 않는다. 연구자 데버라 태넌은 "사소한 말들이 친밀감을 유지하는 핵심"이라고 했다. 커피가 맛있었는지, 출근길은 어땠는지 같은 하찮아 보이는 말에서조차 마음은 오고 간다. 일상의 대부분이 이런 대화로 채워져 있다는 사실을 좋은 관계를 맺는 사람들은 결코 잊지 않는다.

더 나아가 호주의 심리학자 수 존슨은 "우리는 말의 내용보다 말 속에 담긴 감정과 의도를 더 강하게 느낀다"고 강조했다. 말의 내용만으로는 관계를 지키지 못한다. 좋은 관계를 유지하는 사람들은 상대방의 말투, 표정, 심지어 침묵까지도 살핀다. 말을 듣는 순간에도 '이 사람이 왜 이렇게 말했을까'를 먼저 생각하고 말 너머의 감정을 읽으려 노력한다. 그리고 이들은 갈등을 피하지 않는다. 좋은 관계를 맺는 사람들은 다툼이 생기면 '이 문제를 어떻게 같이 해결할까?'를 먼저 생각한다. 그렇게 문제를 함께 바라보는 태도 하나로 상대는 더 이상 적이 아닌, 함께 해결해야 할 문제를 공유하는 파트너가 된다.

기술은 배울 수 있지만 태도는 가르칠 수 없다

좋은 관계를 맺는 사람은 항상 문제를 '우리'의 것으로 접근한다. "너 왜 그랬어?"라는 말 대신 "우리 둘 다 힘들었지. 어떻게 하면 좋을까?"라고 묻는다. 이렇게 작은 언어의 차이가 결국 관계의 무게를 결정짓는다. 이들은 말 잘하는 사람이 아니다. 이들이 숨겨 온 진짜 비밀은 심리적 안전감을 만드는 말과 행동 습관이다.

프랑스의 사회학자 장클로드 코프만Jean-Claude Kaufmann은

"좋은 관계는 서로의 부족함을 포용하면서 만들어진다"고 말한다. 완벽하지 않음을 인정하는 태도가 곧 관계의 안전망이 된다. 좋은 관계를 가진 사람들은 실수와 약점을 문제로 보지 않고, 그럼에도 함께하고자 하는 태도로 상대에게 말한다.

신뢰는 오랜 시간 동안 쌓인 작은 말과 행동의 반복에서 비롯된다. 진심으로 듣는다는 것은 결코 쉬운 일이 아니다. 말에 끼어들지 않고, 판단하지 않으며, 끝까지 귀를 기울이고, 상대의 감정까지 헤아리는 일은 많은 인내와 진심을 필요로 한다. 솔직함도 필수다. 지나치게 돌려 말하면 오히려 오해만 깊어진다. 그래서 좋은 관계를 가진 사람들은 솔직하되 다정하게 말한다. 상대의 감정과 행동을 기억하고 "너의 그런 부분은 정말 멋있는 거 같아", "그런 말 해줘서 고마워"라고 표현한다.

기술은 배울 수 있지만 태도는 가르칠 수 없다. 삶의 자세에서 체득하는 것이다. 우리는 늘 대화를 잘해야 좋은 관계를 만들 수 있다고 배워 왔다. 그러나 김영수 씨 부부의 이야기는 그 말이 절반의 진실에 불과함을 알려 준다. 진짜 좋은 관계를 지키는 사람들은 화려한 말로 사랑을 증명하지 않는다.

관계란 대단한 기술이 아니다. 그저 상대가 아플 때, 다퉜을 때, 서운할 때, 함께 있을 때 "나는 너를 탓하지 않아", "나는 네 편이야", "나는 네가 중요해"라고 말할 수 있는 용기에서 비롯된다. 이걸 모르는 사람들은 관계가 깨지고 나서야 내가 뭘 잘못했는지 모르겠다고 말한다.

상대가 원하는 건 '말'이 아니라 '안전'이다. 때로는 "차 마셨어?"라는 평범한 질문에 평생의 사랑이 담겨 있음을, 잊지 말아야 할 것이다.

진심이 담긴 피드백의 힘

> 사람들이 이야기할 때는 온전히 들어라. 대부분의 사람은 절대 진정으로 듣지 않는다.
>
> When people talk, listen completely. Most people never listen.
>
> **– 어니스트 헤밍웨이**Ernest Hemingway

상대의 문제를 지적하기 전에 알아야 할 것

1982년, 하버드 대학교 경영 대학원의 에이브러햄 절레즈닉Abraham Zaleznik 교수는 어느 학생의 성적이 급격히 떨어진 것을 발견했다. 그는 학생을 불러 질책하는 대신, "무슨 일이 있는지 이야기해 볼래요?"라고 물었다. 망설이던 학생은 자신의 아버지가 최근 사업 실패로 파산했고, 자신이 가족의 생계를 책임지기 위해 밤에 일을 하고 있다고 털어놓았다. 절레즈닉은 즉시 학생에게 장학금을 찾아 주었을 뿐 아니라 학생이 학업을 계속할 수 있도록 자신의 인맥을 활용해 근무 시간이 유연한 일자리를 연결해 주었다.

이 학생은 훗날 포춘 500대 기업의 CEO가 되었고, 하버드 대학교에 거액의 장학금을 기부하며 "절레즈닉 교수님은 제 성적을 지적하기 전에 상황을 이해하려 했습니다. 그것이 제 인생을 바꾸었습니다"라고 말했다. 이 일화는 진정한 소통의 본질이 상대의 마음에 귀 기울이고, 그 마음을 알아차리고 반하는 것임을 보여 준다.

피드백은 단순한 기술이나 말솜씨가 아니다. 피드백은 마치 관계에 숨을 불어 넣는 공기와도 같다. 커뮤니케이션 전문가들은 피드백을 '사람 사이에 유동하는 신뢰의 통화trust currency'라고 표현하기도 한다. 즉, 피드백이 원활해야 신뢰라는 화폐가 오갈 수 있고, 그래야만 관계는 부서지지 않고 단단해진다.

피드백의 본질은 '상대가 내 말에서 무엇을 느끼는가'에 있다. 이 점을 이해하지 못한 채 전달되는 피드백은 상대에게 상처를 주거나 오히려 관계에 거리를 만들어 버린다. 우리는 누군가에게 "이건 너를 위해서 하는 말이야", "네가 잘됐으면 해서 그래"라는 말을 자주 한다. 그러나 상대방은 말의 논리보다 온기를 먼저 느낀다. 진심이 닿지 않는 피드백은 아무리 상대를 위한 말이라 해도 차가운 충고일 뿐이다. 프랑스의 심리 치료사이자 작가인 클로드 슈타이네Claude Steiner는 "사람들은 종종 감정 없는 지식만을 전한다"라고 지적하며, 감정적 문해력emotional literacy과 상호 작용 분석 연구를 통해 피드백의 진짜 역할을 강조했다.

슈타이너에 따르면 "잘했어", "그건 별로야" 같은 짧은 피드백도 필요하지만, 감정이 빠진 평가일수록 오히려 관계를 멀어지게 만든다. 그래서 그는 피드백에는 반드시 감정과 존중이 함께 담겨야 한다고 주장한다. 실제로 부부, 친구, 동료 관계에서 감정 없는 피드백은 오해를 일으키거나 관계를 서먹하게 만든다.

좋은 피드백은 상대를 판단하지 않고 살핀다

직장에서 한 신입 사원이 실수를 했을 때 팀장이 "이 정도는 알아서 해야지, 실망스럽다"라고 말하면, 문제를 바로잡으려는 의도였을지 몰라도 신입 사원은 위축되고 관계는 멀어질 것이다. 하지만 만약 팀장이 "이 실수에서 배운 점이 있을 거야. 다음엔 어떤 부분을 보완하고 싶어?"라고 말한다면? 신입 사원은 실수의 무게를 혼자 짊어지는 대신 팀장의 신뢰를 느꼈을 테고, 다음엔 스스로 개선안을 준비해 올 것이다. 이처럼 피드백은 관계를 단절시킬 수도, 지속시킬 수도 있는 아주 결정적인 대화라는 사실을 우리는 쉽게 잊는다. 상대가 서툴고, 실수하고, 기대에 미치지 못하더라도 '나는 이 관계를 지키고 싶다'는 마음이 담겨야만 비로소 진정한 피드백이다. 바로 여기에 좋은 피드백의 본질인 존중이 자리한다.

피드백을 하다 보면 자칫 '가르치는 사람'의 입장이 되기 쉽다. 그러나 진심 어린 피드백은 '같이 걷는 사람'으로서의 태도로 이루어져야 한다. 현대 소통 이론에서는 이를 '파트너십 피드백partnership feedback'이라 부르며, 피드백을 할 때 '나와 너'가 아닌 '우리'의 관점으로 접근해야 한다고 강조한다. 하버드 대학교의 대화법 전문가 쉴라 힌Sheila Heen과 더글러스 스톤Douglas Stone은 저서 『우주인들이 인간관계로 스트레스받을 때 우주정거장에서 가장 많이 읽은 대화책Difficult Conversations』(21세기북스, 2021)에서 파트너십 피드백의 핵심은 "상대의 의도를 추측하지 않고, 문제 해결에 함께 참여하겠다는 태도"라고 설명한다. 이들의 연구에 따르면, 파트너십 피드백을 사용한 팀은 일반적인 피드백 방식을 사용한 팀보다 갈등 해결 속도가 23% 빨랐고, 구성원 간 신뢰도는 무려 37%나 높았다. 이런 피드백은 부족함을 지적하는 데서 그치지 않고, 함께 앞으로 나아가기 위한 제안이 된다.

피드백은 관계를 지키려는 선언이어야 한다

진심이 통하는 피드백에는 3가지 원칙이 있다.

첫째, 관계에 대한 언급으로 시작해야 한다. "나는 너와의 관계가 소중해", "나는 네가 잘되길 바라" 등의 말로 대화의 문을 여는 것이다. 둘째, 평가하지 말고 발견해야 한다. 피드백은 상대를 판단하는 일이 아니라 함께 문제를 발견하고 바라보는 과정이 되어야 한다. "왜 그렇게 했어?" 대신 "이 상황에서 네가 느낀 건 뭐야?", "어떤 부분이 어려웠어?"라고 묻는 질문이 관계를 지키는 힘이 된다. 셋째, 반드시 신뢰의 언어로 마무리해야 한다. "나는 너를 믿어", "나는 네가 할 수 있다고 생각해"와 같은 말은, 비록 문제가 있었다 하더라도 상대에게 다음 행동을 이어 갈 에너지를 선물한다.

캐스린 슐츠Kathryn Schulz는 저서 『오류의 인문학Being Wrong』(지식의날개, 2014)에서 "우리는 종종 상대를 설득하거나 이기려고 말하지만, 결국 가장 깊은 설득은 '나는 네 편이다'는 신호"라고 말한다. 진심이 담긴 피드백은 논리적인 설득보다 훨씬 강력하다. 상대는 내 말의 논리보다 내가 자신의 편인지 아닌지를 먼저 느낀다. 그러므로 관계를 오래 이어 가고 싶다면, 스스로에게 묻자. 나는 너를 지키고 있는가?

우리는 살아가며 수많은 말을 주고받는다. 격려, 충고, 조언, 비판이라는 이름으로 나누는 말들 속에서 우리는 종종 정확하게 말했는가, 논리적으로 설명했는가에만 집착한다. 그러나 피드백은 마음을 전하는 일이다. '나는 너를 이해하고 싶다'는 진심이 담겨야 비로소 말은 신뢰를 얻는다. 마음이 빠진 피드백은 아무리 옳고 정확하더라도 상대의 귀에 닿지 않고 가슴에도 남지 않는다.

디지털 시대의 도래와 AI 기술의 발전으로 우리의 소통 방식은 빠르게 변화하고 있지만, 피드백의 본질은 변함이 없다. 오히려 비대면 소통이 늘어날수록 진심이 담긴 피드백의 가치는 더욱 커진다. 우리가 서로의 목소리와 표정을 직접 마주하지 못하는 순간에도, 진심이 담긴 말 한마디는 화면 너머로 충분히 전해질 수 있다. 기술이 아무리 발전해도 인간관계의 핵심에는 서로를 이해하고 지지하는 마음이 담긴 피드백이 자리하고 있다. 이러한 진심 어린 소통이 확산된다면 우리 사회는 더욱 연결되고 회복력 있는 공동체로 성장할 수 있을 것이다. 그리고 그것이 바로 관계를 변화시키고 세상을 바꾸는 소통의 진짜 힘이다.

관계를 깊게 만드는 1:1 대화법

진심으로 이야기를 들어 주는 단 한 사람의 존재만으로도 사람은 달라진다.

The presence of one deeply listening ear can change a life.

— **클라라 힐**Clara Hill

함께한 시간이 길수록 때로는 고통받는다

가장 가까운 사람의 마음에 닿지 못하는 순간. 그 안타까움을 우리는 모두 경험한 적이 있다. 함께한 시간이 길수록 작은 오해와 침묵이 켜켜이 쌓이기 마련이다. 그 틈을 다시 메우고 관계를 회복하는 힘은 다름 아닌 1:1 대화에 있다.

사회 언어학자 조앤 밀러Joan Miller는 "깊은 관계는 화려한 대화보다 조용한 이해 속에서 성장한다"고 말했다. 1:1 대화는 관계의 기본이자 본질임에도, 우리는 이를 쉽게 잊고 산다. 여러 사람과 어울리는 자리에서는 그럭저럭 얘기를 하면서도 정작 중요한 1:1 대화에서는 진심을 숨기거나 거리를 둔다. 하지만 진심은 둘만의 대화 속이 아니면 모습을 드러내기 어렵다.

1:1 대화에는 목적이 없다. 해결이나 교정이 목적이 되는 순간 상대는 방어부터 하게 된다. 심리 상담가 로런 나플리Lauren Napoli는 "1:1 대화에서는 공감보다 '주의를 기울여 주는 태도'가 더 중요하다"고 말한다. 우리는 갈등이 발생하면 대화를 문제 해결 도구로 사용한다. 하지만 진짜 1:1 대화는 문제 해결이 목적이 아니라 상대의 존재를 확인하는 자리여야 한다. 1:1 대화는 관계를 '유지'하고 '지속'시키는 대화다. 단둘이 마주 앉으면 말보다 침묵이 더 크게 느껴진다. 그 침묵 안에서 상대의 표정, 눈빛, 망설임까지 읽어 내는 일이 바로 관계를 지탱하는 힘이 된다.

심리 언어학자 일레인 해터즐리Elaine Hattersley는 "깊은 대화는 무엇을 말했는가보다 어떻게 존재했는가에 의해 결정된다"고 말한다. 상대가 그 순간 나와 함께 있다는 느낌, 바로 그것이 대화의 본질이다. 스탠퍼드 대학교의 마이아 로스Maya Ross는 "가장 치유적인 말은 '나는 네 편이야'라는 신호"라고 강조한다. 1:1 대화에서 가장 중요한 것은 '편이 되어 주는 말'이다. 직장 동료에게 "이 일을 잘 마치자"보다 "나는 네가 잘되길 바라"라고 말하고, 가족에게 "왜 그렇게 했어?"가 아니라 "네가 요즘 많이 힘든 것 같아서 신경 쓰였어"라고 말할 때 상대의 마음은 움직인다. 이렇게 하면 관계는 더 이상 거래가 아닌 신뢰가 된다.

상대의 존재를 바라봐 준다는 것

진정한 1:1 대화를 만들기 위해선 질문보다는 존재감을 건네야 한다. "요즘 어때?"보다는 "나는 네가 어떻게 지내는지 궁금했어"라고 말할 때 비로소 상대는 감정을 느낀다. 반응보다 반영이 먼저이고, 상대가 "요즘 좀 힘들어"라고 했을 때 "무슨 일인데?"라는 말보다 "그래서 요즘 너 표정이 좀 안 좋았구나"라는 말이 관계를 움직인다. 그 말에 '나를 봐주는 사람'이라는 신호가 들어 있기 때문이다.

1:1 대화는 특별한 날에만 필요한 것이 아니다. 오히려 아무 이유 없는 평범한 날에 나누는 대화야말로 관계를 지탱하는 토대가 된다. 관계란 함께한 시간의 질이다. 어떤 관계도 스스로 자라지 않는다. 매일 아주 느리게, 조금씩 가꾸어야 한다. 우리는 항상 더 잘 말하려 애쓰지만, 사실 더 잘 마주 앉는 일이 먼저다. 더 좋은 말을 찾기보다 진심으로 듣고자 하는 마음이 앞서야 한다. 말로 시작된 갈등은 마음으로만 풀린다.

어떤 관계든 그 깊이는 겉으로 드러난 말의 양이 아니라, 그 말 사이에 담긴 진심의 무게에 따라 결정된다. 타인의 이야기에 귀 기울일 때, 우리는 단순히 정보를 수집하는 것이 아니라 그 사람의 내면세계로 들어가는 여행을 시작하는 것이다. 그 여정 속에서 서로의 마음이 만나는 순간, 비로소 관계는 단순한 만남을 넘어 서로의 삶에 깊은 울림이 된다.

관계를 지키는
'진심 어린 자기 표현' 기술

표현하지 않은 감정은 이해받을 수 없다

오랫동안 관계를 잘 유지하는 사람들의 공통점은 꼭 필요
한 순간에 진심을 담아 표현할 줄 안다는 것이다. 많은 사람이
관계가 멀어지는 이유를 갈등이나 오해 탓으로 돌리지만, 정작
그 이면에는 진심을 표현하지 않는다는 원인이 자리 잡고 있다.
관계는 큰 사건으로 멀어지지 않는다. 오히려 말없이 서서히 시
들어 간다.

미국의 심리학자 레슬리 그린버그는 "우리가 진짜 원하는
것은 문제 해결이 아니라, 내 감정이 상대에게 닿는 것"이라고

했다. 그의 연구는 갈등이나 오해조차도 진심 어린 감정 표현으로 회복될 수 있음을 보여 준다. 특히 가까운 사람일수록 말하지 않아도 알 것이라는 착각에 빠지기 쉽지만, 표현되지 않은 감정은 어느새 당연함 속에 무시되거나 왜곡되어 전달된다.

가장 위험한 순간은 다툼이나 오해가 있을 때가 아니라 감정 표현이 완전히 사라지는 때다. 심리학자 베벌리 엥겔Beverly Engel은 『사과의 힘The Power of Apology』(Wiley, 2002)에서 "우리는 관계 속에서 너무 자주 감정을 참는 법만 배운다. 그러나 진정한 회복은 '나'를 표현하는 데서 시작된다"라고 강조한다. 미국의 상담가 수전 스콧Susan Scott도 비슷한 말을 한다. "가장 중요한 대화는 하지 않고 미뤄 두었던 대화"라는 것이다. 말하지 않은 감정은 시간이 지날수록 쌓여 결국 상대와 거리를 멀어지게 만든다.

종종 우리는 화가 나면 상대를 비난하고, 마음이 아플 때는 침묵해 버린다. 그러나 오래도록 관계를 이어 가는 사람들은 다르다. "네가 무심하다고 느꼈어", "네 말에 속상했어", "네가 나를 생각해 주기를 바랐어"라고 있는 그대로의 감정을 말한다. 이처럼 '나는'으로 시작되는 진심 표현은 상대에게 상처를 남기기보다는 오히려 마음의 문을 열게 한다.

진심 어린 자기 표현은 감정을 억누르거나 감정적으로 폭발하는 것과 다르다. 상대를 비난하거나 내 감정을 강요하는 것과도. 그저 '나는 이렇게 느끼고 있어'라고 담담하게 마음을 전하는 기술이다. 물론 우리는 때때로 두려움을 느낀다. 솔직하게 말하면 상대가 불편해하지 않을지, 괜히 나만 상처받지는 않을지. 하지만 말을 하지 않는다고 해서 감정이 사라지지는 않는다. 오히려 관계를 더욱 멀어지게 만들 뿐이다.

단순한 진심이 관계를 만든다

관계 심리학의 권위자인 존 가트맨 역시 수십 년간의 연구를 통해 감정 표현이 가능한 관계일수록 회복 탄력성resilience이 높다고 강조한다. 갈등을 피하거나 억누르는 관계보다 솔직하게 감정을 나누는 관계가 더 오래, 안정적으로 지속된다는 것이다. 건강한 관계는 완벽한 조화 속에서가 아니라 갈등하는 중에도 정서적으로 서로에게 다가가려는 노력 속에서 만들어진다는 반증이다.

자기표현을 잘하는 사람들은 몇 가지 공통점을 가지고 있다. 그들은 무엇보다 자신의 감정을 먼저 관찰한다. 상대를 비난하기 전에 내 감정을 먼저 알아차린다. 또한 상대의 잘못을 따지지 않고 내 감정에 집중하여 말하며, 상대의 입장을 존중한다.

진심 어린 자기표현은 특별한 기술이 아니다. "네가 그리웠어", "오늘 네가 곁에 있어 줘서 고마워", "네가 내 편이었으면 해" 같은 짧은 말들로 여전히 너와 함께하고 싶다는 메시지를 전달하면 된다. 이 따뜻한 마음이야말로 관계를 붙잡고 이어 주는 가장 큰 힘이다. 우리가 진심을 표현해야 하는 이유다.

삶을 돌아보면 잘못 말해서가 아니라 말하지 못해 후회되는 순간이 더 많다. 마음속 깊은 곳에 묻어 둔 진심이 때를 놓쳐 영영 전해지지 못하는 경험은 인생에서 큰 상실감을 준다. 용기를 통해 표현된 진심이야말로 깊은 관계의 시작이며, 단절된 마음을 다시 잇는 따뜻한 다리가 된다. 그래서 오늘, 우리는 다시금 용기를 내 말해야 한다. "나, 사실 너한테 할 말 있어."

8장

변화하는 세계의
새로운 언어

MZ세대의 소통법이 불러올
새로운 세상

의사소통 행위는 상호 이해에 도달하는 것을 목표로 하며, 참여자
들은 서로의 주장을 통해 자신의 정체성을 형성한다.
Communicative action is aimed at mutual understanding,
through which participants form their identities by engaging
with each other's claims.

– 위르겐 하버마스Jürgen Habermas

댓글창 없는 세상에선 못 살아

한 방향으로만 흐르는 말은 이제 우리를 설득하지 못한다.
"회의 들어가자"는 말에 이어지는 독백 40분, 그리고 메모할 필
요조차 없는 발표 10분. 많은 말을 쏟아 내지만, 정작 듣는 이는
없는 이 소통을 정말 '회의'라고 할 수 있을까? 말은 흘러나오지
만 대화는 이루어지지 않는 그 풍경 속에서 우리는 조용히, 그러
나 단호하게 그 '고장 난 라디오'를 무시한다.

디지털 네이티브로 태어난 MZ세대에게 소통은 단순한 기
능이 아니라 삶의 방식이며, 정체성이다. 그러나 그들이 소통하

는 방식은 기성세대와는 완전히 다른 모습이다. 단방향 메시지가 아닌 참여와 반응이 핵심인 쌍방향 대화, 즉각적인 피드백이 중심을 이룬다. 이는 단순한 세대 간 차이를 넘어서서, 사회 구조와 권력 질서의 근본적인 변화 가능성을 암시한다.

연구에 따르면 MZ세대는 소셜 미디어에서 빠른 반응을 기대하며, 브랜드나 인플루언서가 몇 시간 내에 답장하길 원한다. 이들에게 '적절한 반응 시간'은 기성세대보다 훨씬 짧다. 틱톡 콘텐츠는 15초 안에 흥미를 끌지 못하면 스와이프되어 사라진다. 유튜브 댓글창은 실시간 대화의 장이다. 반면 기성세대는 여전히 일방적으로 메시지를 전달한다. 반응을 거부하는 의사소통 방법은 강요에 가깝고, 결국 그들에게는 허울뿐인 권위만 남는다.

피드백 없는 소통은 MZ세대에게 산소 없는 공기와 같다. 순간순간의 표현마다 즉각적인 반응을 기대하고, 타인의 표현에도 능동적으로 반응한다. 좋아요, 댓글, 이모지 반응 등은 소통의 핵심이다. MZ세대는 그저 디지털 세대가 아니다. 보다 정확히 말하면 이들은 디지털 부족 사회digital tribal society의 일원이다. 이 공동체에서는 모두가 발화자이자 청자이며, 권위는 공감을 통해 작동한다. 청중 역할만 하는 이는 없다. 모두가 참여자다.

상사의 일방적인 발표보다 팀원끼리의 슬랙Slack 대화 다섯 줄이 더 강력한 영향을 준다. 강의실에서는 교수의 프레젠테이션 자료 말고도 디스코드Discord 채널의 요약 정리를 참고한다. 브랜드가 말하는 '우리의 가치'보다 친구가 남긴 후기 한 줄이 더 진실하게 느껴진다. 이제 중요한 건 메시지를 얼마나 잘 전달하느냐가 아니라, 얼마나 공감되느냐다. 디지털 부족 사회는 수평적 정보 구조를 통해 기존의 위계적 정보 전달 방식을 무너뜨린다. 공식적 지위보다 네트워크 내에서의 영향력, 즉 공감의 힘이 더 중요해진 것이다.

이런 환경에서 MZ세대는 집단적 지식 생산 방식을 자연스럽게 익혀 왔다. 위키피디아Wikipedia, 깃허브GitHub와 같은 플랫폼은 살아 움직이는 유기체처럼 지식이 끊임없이 업데이트되고 검증되는 구조를 보여 준다. MZ세대는 단순한 콘텐츠 소비자에 머물지 않는다. 기존의 콘텐츠를 그대로 받아들이지 않고 프로슈머로서 거기에 자신만의 해석과 반응을 덧붙여 새로운 콘텐츠를 창조해 낸다. 이렇게 만들어진 파생물은 원본과의 경계를 점차 흐리며 새로운 문화의 씨앗이 된다.

이 세대는 자기 할 말만 하는 리더보다 질문하는 리더를 선호한다. "여러분의 생각은 어때요?"라고 묻는 상사는 진심으로 존중받는 반면, 자기 말만 하는 상사는 폭군으로, 꼰대로 취급받는다. 그들은 자신의 의견이 존중받지 않는 환경에서 점차 열정을 잃고 결국 이직이라는 결정을 내리게 된다. 변화는 필연적이다. 이제는 지시하는 리더가 아닌, 질문하고 경청하는 리더가 필요한 시대다. 권위가 아닌 공감과 참여의 리더십이 점차 새로운 표준으로 자리 잡아 가고 있다. 권력 관계의 변화는 소통 구조의 변화와 직결된다. 과거에는 지위에 따라 발화권이 제한되었지만, 이제는 누구나 자신의 생각을 표현하고 공유할 수 있는 시대다. 일방적인 화법은 곧 상대방의 발언권을 침해하는 행위로 받아들여진다.

미디어 구조도 MZ세대의 등장과 함께 급변했다. 이제 누구나 콘텐츠의 생산자이며, 멀티 플랫폼을 넘나드는 큐레이션 소비와 인터랙티브 소비가 일상이 되었다. 소셜 미디어는 더 이상 단순한 정보의 창구가 아니라 정체성을 표현하고 관계를 형성하는 공간으로 기능한다. MZ세대에게 콘텐츠의 가치는 그것이 이끌어 내는 반응에 있다. 정보 자체의 희소성이 가치였던 과거와는 달리, 지금은 그 정보에 대한 반응이 더 큰 힘을 갖는다.

소통 혁명을 넘어서서 사회의 구조적 전환으로

MZ세대는 더 이상 트렌드를 따르는 소비자가 아니다. 그들은 사회 구조 자체를 바꾸는 의사소통 혁명의 주체다. 기업, 정부, 교육 기관 등은 이러한 변화를 받아들이고 새로운 소통 방식에 적응해야 한다. 수평적 조직 문화, 피드백 기반의 의사 결정, 공감을 중시하는 리더십 등은 단지 MZ세대를 위한 전략이 아니라 조직 전체의 지속 가능성을 위한 조건이 되었다.

하지만 이런 변화에는 분명한 역설이 존재한다. 즉각적인 반응에 익숙한 문화는 깊이 있는 사고를 방해할 수 있고, 공감

중심의 구조는 유사한 관점만 강화하는 '에코 챔버'를 만들어 낼 수 있다. 반응에 대한 집착은 정신 건강에 부정적인 영향을 미칠 수 있으며, 디지털 친화적인 소통은 오히려 대면 커뮤니케이션 능력을 약화시키는 결과를 초래하기도 한다.

또한 디지털 공간의 윤리 문제 역시 간과할 수 없다. 익명성 속에서 발생하는 혐오 발언, 사이버 불링, 허위 정보의 확산 등은 소통의 자유와 책임 사이의 균형을 요구한다. MZ세대는 이러한 이슈에 민감하며, 건강한 디지털 환경을 위한 목소리를 높이고 있다. 프라이버시와 데이터 주권 문제도 중요한 화두다.

결국 MZ세대의 소통 혁명은 단순한 세대 갈등이 아니라 사회 전반의 구조적 전환을 의미한다. 독백에서 대화로, 권위에서 공감으로, 수직에서 수평으로. 그들은 소통의 주체로서 말할 공간이 필요하고, 반응할 자유가 필요하며, 함께 대화를 만들어 갈 권리를 갈망한다. 그래서 MZ세대는 소통의 문법 자체를 다시 쓰는 세대다. 이들에게 발언권은 정체성의 핵심이며, 피드백은 서비스가 아닌 존재의 확인이다.

일방향 소통에서 쌍방향 소통으로의 이 전환은 모든 사람의 목소리가 존중받는, 더 나은 사회를 향한 움직임이다. 미래의 리더십, 교육, 미디어는 이러한 변화를 받아들이고 진화해야 한다. 선택이 아닌 필수다. 댓글창이 있는 세상, 반응할 권리가 있는 세상, 함께 이야기를 엮어 가는 세상이 MZ세대가 그리는 미래이자, 우리가 함께 써 내려가야 할 소통의 새로운 문법이다.

시대가 요구하는 커뮤니케이션 방법, '짧고 강하게'

지금처럼 급변하는 시대에는 도전하지 않고 안전한 길만 찾는 것이 가장 큰 실패를 불러올 뿐이다.
In a world that's changing really quickly, the only strategy that is guaranteed to fail, is not taking risks.

– 마크 저커버그Mark Zuckerberg

간결함이 대우받는 시대

위험에 대한 마크 저커버그의 말은 경청할 만하다. 이 원리는 커뮤니케이션에도 그대로 적용된다. 익숙한 방식을 고수하기보다 변화하는 소통 환경에 과감히 적응하는 것이 중요한 시대가 되었다.

우리는 말의 양보다 밀도를 중요시하게 되었고, 이 변화는 모든 분야에 스며들고 있다. 텍스트는 짧아지고, 설명은 이모지 하나로 압축되며, 프레젠테이션은 첫 슬라이드에서 청중을 사로잡지 못하면 실패한다. 모 웹툰 작가가 말했듯이 "요즘 독자들은 첫 세 컷에서 웃지 않으면 다른 작품을 본다". 이는 인내심이 부족해서가 아니다. 정보 리터러시, 즉 정보를 빠르게 판단하고 본질을 파악하는 능력이 진화하고 있는 것이다. 긴 설명을 듣지 않으려는 요즘 학생들에 대해 한 교육학자는 이렇게 설명한다. "그들이 피상적이어서가 아니라, 이미 핵심을 파악하는 능력이 내재화되어 있기 때문이다." 이 변화는 피할 수 없는 현실이지만 두려워할 필요는 없다. 이는 결국 더 나은 효율을 향한 진화적 적응이다.

독일의 사회학자 위르겐 하버마스는 의사소통 행위란 상호 이해를 위한 것이라 말했다. 오늘날, 상호 이해는 더 이상 말의 양에서 오지 않는다. 진심이 담긴, 필요한 만큼의 정확한 표현에서 비롯된다.

간결함은 정확한 의사소통을 가능하게 한다. 수식어를 덜어 내고 장황함을 줄이면, 마치 배경이 흐릿해 주요 피사체가 돋보이는 사진처럼 진짜 메시지가 선명하게 드러난다. 본질을 드러내는 가장 효과적인 방식이다. 또한 간결함은 상대에 대한 존중의 표현이기도 하다. 불필요한 말은 줄이고, 판단과 해석의 여지를 남기는 것은 그들의 지성을 존중하는 태도다. 이는 위계보다는 평등을 지향하는 가치관과도 맞닿아 있다.

한 스타트업 CEO는 사내 이메일은 다섯 문장 이내로 작성한다는 원칙을 도입했다. 처음엔 불가능해 보였지만 팀원들은 점점 핵심만 전달하는 법을 익혔고, 그 결과 의사 결정 속도는

30%나 빨라졌다. 말을 줄여 오히려 생산성을 높인 것이다.

짧되 깊게, 빠르되 진실되게

물론 간결함에도 위험은 존재한다. 관계의 깊이는 결국 시간과 말의 축적을 통해 형성되는데 지나친 요약은 뉘앙스를 지우고 대화의 깊이를 얕게 만든다. 초고속 커뮤니케이션에 익숙한 디지털 네이티브조차 깊이 있는 연결을 갈망한다는 점은 이러한 변화의 역설이다.

결국 궁극적으로 추구해야 할 것은 최소한의 언어로 최대한의 진실을 전하는 것, 그리고 빠른 소통 속에서도 인간적인 연결을 놓치지 않는 것이다. 디지털 시대의 커뮤니케이션은 속도와 진심 사이의 균형을 요구한다. 짧되 깊게, 빠르되 진실되게. 이것이 바로 우리가 추구해야 할 방향이다.

리더십에서는 이러한 균형이 더욱 중요하다. 명확하고 간결한 방향 제시와 함께, 공감과 경청을 통해 진정한 신뢰를 쌓는 것이 현대적 리더십의 핵심이다. 짧은 말 한마디가 오히려 더 강한 신뢰를 구축한다는 점을 이해하는 리더가 필요하다.

디지털 시대의 커뮤니케이션 혁명은 역설적으로 우리를 더 인간적인 소통으로 이끌고 있다. 알고리즘과 자동화가 지배하는 세상에서, 진정성 있는 짧은 한마디는 그 어떤 기술보다 강력한 연결의 도구가 된다. 어쩌면 이 변화는 소통의 본질로의 회귀를 의미하는지도 모른다. 말의 양보다 질, 정보보다 공감을 중시하게 된 우리의 진화는 디지털 세상에서 인간성을 지키기 위한 자연스러운 적응인 것이다.

짧게 말하라는 것은 단순히 시간을 아끼라는 조언이 아니다. 본질만을 남기고 나머지는 과감히 버리라는, 더 깊은 소통을 위한 역설적 지혜다.

커뮤니케이션 환경의 변화는 선택이 아닌 필연이다. 점점 더 많은 정보를 처리해야 하는 압박 속에서, 우리의 두뇌는 자연스럽게 효율적인 정보 처리 방식을 찾고 있다. 그리고 그 방식은 분명 '간결함'을 향하고 있다. 오해하지 말아야 할 것은, 간결함이 단순함을 의미하지는 않는다는 점이다. 복잡한 생각을 명확하게 전달하기 위해서는 오히려 더 많은 고민과 정제 과정이 필요하다.

프랑스의 수학자이자 철학자인 블레즈 파스칼은 한 편지에서 "이 글이 긴 것은 짧게 쓸 시간이 없기 때문이다"라고 말했다고 한다. 이는 정확하고 간결한 표현이 얼마나 어려운지를 잘 보여 준다. 진정한 간결함은 충분한 사고와 성찰 없이는 달성하기 어렵다. 단순한 축약이나 생략이 아니라, 가장 본질적인 것을 찾아내는 과정이기 때문이다.

비즈니스 커뮤니케이션에서도 이 원리는 점점 더 중요해지고 있다. 실리콘밸리의 한 벤처 캐피털리스트는 "5분 안에 핵심을 전달하지 못하는 창업자에게는 투자하지 않는다"라고 말한다. 이는 시간이 아까워서가 아니라, 아이디어의 명확성과 그것을 전달하는 능력이 성공의 핵심 요소라고 보기 때문이다.

교육 분야에서도 이러한 변화가 감지된다. TED와 같은 포맷이 인기를 끄는 이유는 복잡한 아이디어를 압축적으로 전달하기 때문이다. 학생들은 더 이상 장황한 강의가 아니라, 짧고 강렬한 자극을 통해 배우기를 원한다.

그러나 커뮤니케이션의 효율성만을 추구하다 보면 잃게 되는 것도 있다. 철학자 한나 아렌트는 "사유하는 데에는 시간이 필요하다"고 말했다. 깊은 성찰과 진정한 이해는 때로 천천히 진행되는 대화 속에서 이루어진다. 따라서 우리는 상황과 목적에 맞게 소통의 방식을 조절할 줄 알아야 한다.

직장에서의 간단한 정보 전달은 간결함이 미덕이지만, 복잡한 감정이나 갈등을 다룰 때는 충분한 대화 시간이 필요하다. 가족 간의 대화에서도 일상적인 소통은 짧고 효율적으로 할 수 있지만, 중요한 가치나 감정을 나눌 때는 충분한 시간과 말이 필요하다.

결국 커뮤니케이션의 새로운 패러다임은 '상황 지능'을 요구한다. 언제 간결하게 말해야 하고, 언제 깊이 있는 대화를 나눠야 하는지를 아는 지혜가 필요한 것이다.

디지털 시대의 소통 환경 변화는 도전인 동시에 기회다. 정보의 홍수 속에서 핵심만을 포착하고 전달하는 능력은 점점 더 가치 있어질 것이다. 동시에 깊이 있는 관계와 진정한 이해를 위한 인내와 경청의 미덕 역시 더욱 소중해질 것이다.

진화의 방향은 더 빠르고, 더 간결하고, 동시에 더 본질적인 방향을 향할 것이다. 이러한 변화 속에서 잊지 말아야 할 것은, 모든 소통의 궁극적 목적은 연결과 이해라는 점이다. 기술이 발전하고 방식이 변화해도, 인간 소통의 본질은 변하지 않는다. 바로 마음과 마음의 만남이다.

밈, 디지털 시대의
새로운 소통 언어

> 사랑은 서로를 바라보는 것이 아니라, 함께 같은 방향을 바라보는
> 것이다.
> Love does not consist in gazing at each other, but in looking
> outward together in the same direction.
>
> **– 앙투안 드 생텍쥐페리**Antoine de Saint-Exupéry

소통의 본질 그 자체, 밈

앙투안 드 생텍쥐페리의 문장은 그저 시적 표현이 아니라 오늘날 소통의 본질을 상징적으로 드러낸다. 디지털 시대의 소통이 갖는 핵심 또한 이 '함께 바라보기'의 미학에 있다. 그리고 그 중심에 있는 것이 바로 '밈meme'이라는 새로운 언어다.

밈은 단순한 유머 코드가 아니다. 세상을 해석하는 방식, 경험을 공유하는 방식이다. 누군가의 세계관을 압축적으로 반영하고, 그것에 공감한 사람들을 순간적으로 하나의 관계망 속으로 끌어들인다. 정보 전달보다, 어떻게 그 정보를 느끼고 해석하

는지, 공유하는지에 따라 연결이 만들어진다. 소통의 본질 그 자체다.

밈의 역사는 '문화 유전자'라는 개념을 제시한 리처드 도킨스Richard Dawkins의 『이기적 유전자The Selfish Gene』(을유문화사, 2018)로 거슬러 올라가지만, 인터넷 문화 속에서 밈은 새로운 생명력을 얻었다. 초기의 단순한 이미지와 텍스트가 결합된 형태에서 시작해, 복잡한 문화적 맥락과 의미 체계를 담아내는 고도화된 소통 매체로 진화했다. 그 과정에서 밈은 문화적 정체성, 사회적 비판, 세대 간 경험의 공유 등 다양한 역할을 수행하게 되었다.

밈의 세계에서는 권위나 위계가 아닌 공감과 이해의 깊이가 소통의 질을 결정한다. 우리가 웃는 그 짧은 순간, 혹은 이모티콘 하나에 담긴 미묘한 뉘앙스를 이해하는 순간, 우리는 이미 깊은 소통의 흐름 속에 있는 것이다. 어색하거나 억지스러우면 소통은 끊긴다. 현대의 소통은 더 이상 누가 더 잘 말하는가의 문제가 아니다. 누가 더 깊이 이해하고 공감하는가의 문제로 변화했다. 밈은 이 변화의 최전선에 있다.

이러한 변화의 근저에는 디지털 시대의 근본적인 패러다임 전환이 자리 잡고 있다. 전통적인 커뮤니케이션 모델이 '발신자-메시지-수신자'라는 선형적 구조를 가졌다면, 밈을 통한 소통은 순환적이고 참여적인 특성을 갖는다. 수용자는 더 이상 수동적인 메시지 수신자가 아니라, 적극적으로 의미를 재구성하고 변형하며 전파하는 주체가 된다. 이는 미디어 이론가 마셜 매클루언Marshall McLuhan이 예견했던 "미디어는 메시지다"라는 명제를 새롭게 해석하게 한다. 밈이라는 소통 방식 자체가 그 안에 담긴 내용만큼이나 강력한 메시지를 전달하는 것이다.

밈의 3가지 특징

밈의 첫 번째 특징은 압축성이다. 복잡한 감정이나 상황을 단 하나의 이미지나 짧은 문구로 압축해 전달한다. 이 압축된 형태는 빠른 소비와 전파를 가능하게 한다. 두 번째는 공감성이다. 밈은 "너도 이렇게 느끼니?"라는 질문을 던지고, "나도 그래"라는 묵시적 동의를 이끌어 낸다. 이 공감의 순간이 소통의 핵심이 된다. 세 번째는 전파력이다. 밈은 그 본질상 공유되고 변형되며 확산되도록 설계되어 있다. 이 과정에서 원본의 의미는 확장되거나 변형되며, 집단 지성의 산물로 진화한다.

이러한 특성들은 서로 긴밀하게 연결되어 작용한다. 압축성이 뛰어날수록 전파력이 높아지고, 공감성이 강할수록 변형과 재생산의 가능성이 커진다. 여기서 주목할 점은 밈이 정보의 전달보다는 '정서적 공명'에 더 큰 무게를 둔다는 것이다. 정보 전달의 정확성보다 감정적 공유의 진정성이 밈의 생존과 전파를 결정한다. 이는 인류학자 클리퍼드 기어츠Clifford Geertz가 말한

"문화는 의미의 망"이라는 개념과도 연결된다. 밈은 단순한 정보 조각이 아니라, 복잡한 문화적 의미와 맥락을 압축적으로 담아내는 기호다.

특히 Z세대와 알파세대에게 밈은 단순한 오락거리가 아니라 세상을 해석하고 관계를 맺는 근본적인 틀이다. 이들에게 밈은 자신의 정체성, 가치관, 세계관을 표현하고 협상하는 중요한 수단이다. 디지털 원주민digital native으로 태어난 이들은 밈의 언어를 모국어처럼 자연스럽게 습득하고 활용한다. 이는 마치 문자 이전의 구술 문화에서 속담이나 이야기가 담당했던 역할, 즉 공동체의 지혜와 가치를 전수하는 기능을 밈이 현대적 형태로 수행하고 있음을 시사한다.

디지털 세대에게 밈은 자신의 정체성을 표현하고 타인과 공유하는 중요한 소통 수단이다. 물론 밈을 통한 소통이 가진 한계도 존재한다. 지나친 압축은 때로 복잡한 맥락을 단순화하거나 왜곡할 수 있으며, 특정 집단 내부의 밈은 외부인에게 배타적으로 작용한다. 또한 빠른 전파와 소비는 깊이 있는 이해나 성찰을 방해하기도 한다. 밈은 소통의 민주화를 의미하기도 하지만, 동시에 새로운 형태의 소외와 단절을 만들어 낼 가능성도 있다. 모든 혁신적인 소통 방식이 그러하듯 밈 또한 포용과 배제의 양면성을 지닌다. 그러나 이러한 한계에도, 밈은 현대 소통의 중요한 일부로 우리의 관계 형성 방식을 근본적으로 변화시키고 있다.

현대 사회에서 밈은 어떤 역할을 하는가

사회학자 지그문트 바우만Zygmunt Bauman이 말한 '액체 근대성Liquid Modernity'이라는 개념은 밈 문화를 이해하는 데 유용한 틀을 제공한다. 고정된 형태나 의미보다는 끊임없는 흐름과 변형이 특징인 현대 사회에서, 밈은 그 유동적 특성을 가장 잘 반영하는 문화적 산물이다. 밈은 고정된 의미를 거부하고, 끊임없이 재해석되고 변형되며 흘러간다. 이 유동성은 때로 혼란스럽고 불안정하게 느껴질 수 있지만, 동시에 놀라운 창의성과 적응력의 원천이 되기도 한다.

밈의 진화 속도는 기술의 발전과 맞물려 더욱 가속화되고 있다. 초기의 정적인 이미지 밈에서 GIF, 짧은 영상, 인터랙티브 콘텐츠로 진화하면서, 점점 더 복잡하고 다층적인 의미를 담아낼 수 있게 되었다. AI 기술의 발전은 이러한 변화를 더욱 가속화할 것으로 보인다. 이미 딥페이크deepfake 기술을 활용한 밈이 등장하고 있으며, 머신 러닝 알고리즘이 자동으로 생성하는 밈도 늘어나고 있다. 소통의 주체와 매개체 간의 경계가 더욱 모호해지고 있다.

밈은 또한 권력과 저항의 도구다. 전통적인 미디어나 권위 구조에 의존하지 않고도 대중은 밈을 통해 사회적 이슈에 대한 비판과 대안적 목소리를 빠르게 확산시킬 수 있다. 홍콩 시위에서 사용된 '페페 더 프로그Pepe the Frog' 밈, 흑인 인권 운동을 지지하는 밈, 그리고 다양한 정치적·사회적 이슈를 다루는 밈은 단순한 유머를 넘어 집단적 저항과 연대의 상징으로 기능한다. 이는 철학자 미셸 푸코Michel Foucault가 말한 '미시 권력micro-power'의 현대적 발현으로 볼 수 있다.

결국 밈의 힘은 그것이 같이 만들어 가는 이야기라는 데 있다. 우리는 더 이상 메시지를 전달받는 존재가 아니라, 함께 의미를 구성하는 주체다. 밈을 통한 소통은 단순한 정보 교환을 넘어, 세상을 바라보는 방식을 공유하는 행위다. 그것은 우리가 어떤 순간에 웃고, 어떤 상황에 공감하며, 어떤 아이러니를 발견하는지 보여 준다. 그리고 그 과정에서 서로의 내면에 조금 더 가까워진다.

이러한 현상은 심리학자 칼 융이 말한 '집단 무의식collective unconscious'과도 연결된다. 밈이 강력한 공감을 불러일으키는 이유 중 하나는 그것이 공유된 경험과 원형적 이미지에 호소하기 때문이다. 특정 밈이 전 세계적으로 동시에 공감을 얻는 현상은, 디지털 시대의 초연결성 속에서 인류의 보편적 경험과 감정이 어떻게 공명하는지를 보여 준다.

밈은 또한 현대인의 시간 감각과 주의력 경제attention economy를 반영한다. 정보 과잉의 시대에 우리의 주의력은 가장 희소하고 가치 있는 자원이 되었다. 밈은 이러한 환경에 최적화된 소통 방식으로, 최소한의 시간과 인지적 노력으로 최대한의 의미와 감정을 전달한다. 이는 벤저민 리베트Benjamin Libet의 뇌과학 연구가 보여 주듯, 인간의 인지 처리는 생각보다 훨씬 빠르고 직관적으로 이루어진다는 사실과도 맞닿아 있다.

디지털 시대 소통의 본질

이제 말하는 것보다 듣는 것이, 전달하는 것보다 공감하는 것이 더 중요해졌다. 밈은 디지털 시대의 가장 압축적이고 감각적인 소통 방식으로, 우리가 서로의 세계를 조금 더 이해하고, 조금 더 가까워질 수 있게 돕는다. 소통의 본질은 결국 연결에 있다. 그리고 연결은 우리가 같은 곳을 바라볼 때 시작된다. 밈은 디지털 시대의 새로운 언어이자, 우리가 세상을 바라보는 방식을 공유하는 강력한 문화적 도구다. 소통이 바뀌면 관계도 바뀐다. 우리가 서로를 바라보는 방식이, 세상을 함께 해석하는 방식이 바뀌면, 우리가 맺는 관계의 깊이와 질도 변화한다. 그렇게 밈은 소통을 변화시키고, 소통은 우리의 연결을 변화시킨다.

미래학자 앨빈 토플러Alvin Toffler는 『제3의 물결The Third Wave』 (범우사, 1992)에서 정보 과잉 시대를 예측했다. 그가 상상했던 것보다 훨씬 더 복잡하고 빠른 정보 환경에서, 밈은 우리가 의미 있는 연결을 유지하기 위한 진화적 적응으로 볼 수 있다. 복잡성과 단순성, 개인성과 보편성, 순간성과 지속성이 공존하는 밈의 패러독스는 디지털 시대 소통의 본질적 특성을 반영한다.

밈은 단순한 인터넷 현상이나 일시적 유행을 넘어, 인류 소통의 새로운 장을 열고 있다. 언어와 이미지, 개인과 집단, 현실과 가상의 경계를 넘나들며, 인간 소통의 가능성과 한계를 새롭게 정의한다. 밈을 통해 우리는 생텍쥐페리가 말한 '함께 같은 방향을 바라보는' 경험을 디지털 공간에서 새롭게 재현하고 있다. 이것이 디지털 시대 소통의 본질이며, 밈이 단순한 유행을 넘어 문화적 중요성을 갖는 이유다.

커뮤니티 기반 소통의
새로운 패러다임, 팬덤

> 진정한 사랑은 어떤 대상 그 자체를 향한 것이 아니라, 그 대상을 중심으로 형성되는 우리 모두의 관계 속에 존재한다.
> True love is not directed towards an object, but rather exists in the relationships we all form around that object.
>
> – 마르틴 부버Martin Buber

이 시대의 새로운 공동체, 팬덤

아이유가 무대 위로 올라서는 순간, 조명이 켜지고 수천 명의 목소리가 하나로 모여 첫 음을 따라 부를 때, 분명히 알게 된다. 그녀를 중심으로 연결된 이 수많은 사람의 감정과 기억은 하나의 공동체를 이룬다는 것을. 바로 이러한 장면에서 팬덤fandom의 본질적 의미를 발견할 수 있다. 팬덤은 단순히 좋아한다는 표현을 넘어 현대 사회의 새로운 소통 패러다임이자 관계망으로 진화하고 있다.

디지털 시대의 팬덤은 감탄이나 열광을 넘어선다. 그것은 누군가의 창작물을 함께 해석하고, 서로 다른 사람들이 자신의 감정을 공유하는 커뮤니케이션 구조다. MZ세대는 이 무대에서 단순한 관객이 아니다. 그들은 리액션을 남기고, 팬아트를 그리고, 팬픽을 창작하며, 콘텐츠에 자신의 세계를 덧입힌다. 이 과정에서 콘텐츠는 살아 있는 유기체처럼 끊임없이 변화하고 진화한다. 원작자는 이야기의 실마리를 제공할 뿐, 그 이후는 팬덤이 다양한 감정과 해석으로 채워 간다.

이런 창조적 해석의 연쇄는 곧 관계의 형성으로 이어진다. "이 노래는 내 삶을 바꿨어" 같은 한마디는 단순한 피드백이 아닌 깊은 공감의 표시다. 팬들은 각자의 감정과 기억을 공유하며 공동의 서사를 만들어 낸다. 수직적 위계가 없는 수평적인 관계 속에서 누구나 발언하고 누구나 공감할 수 있는 열린 네트워크가 형성된다.

팬덤은 곧 존재 방식

팬덤은 정체성이다. 내가 좋아하는 콘텐츠는 곧 내가 세상을 해석하는 방식이고, 나와 닮은 감각을 가진 사람들과 연결되는 통로다. 좋아하는 것의 공유가 곧 존재 방식이 되는 사회에서, 팬덤은 개인과 공동체 사이의 균형점을 제공한다.

SNS, 유튜브, 팬 카페, 위버스Weverse 등의 플랫폼은 이러한 정체성을 표현하고 소통하는 공간이 되었다. 우리는 그곳에서 비슷한 감각을 가진 사람들과 하나의 문화 집단을 형성하고, 각자가 창조자가 되어 이야기를 덧붙여 나간다. 콘텐츠를 둘러싼 해석과 감정은 다시 공유되고 확장되며, 이는 집단 지성의 형태로 발전한다. 중요한 것은 콘텐츠 자체가 아니라 그 콘텐츠를 통해 무엇을 느끼고, 어떤 감정을 함께 나누는가다. 이 정서적 공유가 팬덤의 본질이다.

팬덤이 주목받는 이유는 디지털 환경이 지닌 '빠른 소비'와 '깊은 몰입'이라는 상반된 속성을 동시에 충족시키기 때문이다. 짧은 영상 하나는 순식간에 소비되는데 이를 해석하는 콘텐츠는 훨씬 더 많은 시간과 열정을 요구한다. 이 모순된 흐름 속에서 팬덤은 그 어느 때보다 긴밀히 소통한다.

팬덤은 단순한 감정의 모임이 아니라 정체성과 세계관을 공유하는 플랫폼이다. 내부의 배타성, 맹목적인 옹호, 타 팬덤과의 갈등은 팬덤 문화의 어두운 이면이고 이 갈등은 디지털 환경에서 더욱 증폭되나, 그럼에도 팬덤이 지닌 가능성은 여전히 유효하다. 사람들은 나와 같은 것을 사랑하는 사람들과 연결되고 싶어 하기 때문이다.

감정적 동기화는 이 연결의 정서적 핵심이다. 콘서트에서 같은 노래를 따라 부르거나, 드라마의 감동적인 장면에서 함께 눈물을 흘리는 경험은 '같은 감정을 느끼고 있다'는 인식을 만들어 내며, 그 감정은 디지털 공간을 통해 밈, 댓글, 해시태그 등 다양한 방식으로 더 빠르게 퍼져 나간다. 동시에 팬덤 내에서는 콘텐츠에 대한 깊은 이해와 배경지식을 공유하면서 간결한 표현만으로도 복잡한 감정과 맥락을 전달할 수 있는 강력한 공감의 장이 형성된다. 디지털 네이티브 세대는 이러한 압축적이면서도 감성적인 소통 방식에 익숙하고, 팬덤은 그들에게 있어 가장 본능적이고 편안한 커뮤니케이션 공간이다.

팬덤의 진화는 계속된다

이러한 흐름은 언어와 지역을 넘어서서 전 지구적 네트워크로 확장되고 있다. 한국의 K팝, 특히 BTS가 보여 준 전 세계적 팬덤 '아미ARMY'의 영향력은 이러한 현상의 대표적 사례다. 일본의 애니메이션, 미국의 마블Marvel이나 DC 같은 콘텐츠 역시 국경을 초월한 팬덤을 형성하며 새로운 형태의 초국가적 정서 공동체를 만들어 가고 있다. BTS 팬들이 스트리밍 기록을 세우고 사회적 캠페인에 동참하며 글로벌 자선 활동을 펼치는 현상, 웹소설 팬들이 원작 세계를 기반으로 2차 창작을 하는 현상, 게임 팬들이 모드mod를 제작해 전혀 다른 형태의 게임 경험을 창출하는 사례는 팬덤이 콘텐츠의 진화를 이끄는 실질적인 원동력임을 분명히 보여 준다.

팬덤은 관계의 언어이자 연결의 구조다. 우리는 같은 것을 사랑함으로써 서로를 이해하고, 함께 바라보는 경험을 통해 세상을 다시 정의한다. 디지털 기술의 급속한 발전은 이러한 관계의 지형을 더욱 확장시키고 있다. 메타버스metaverse 속 세계에서 아이돌과 함께 춤을 추고, AR을 통해 영화 속 세계를 직접 경험하며, AI가 개인화한 콘텐츠에 함께 반응하는 미래는 이미 시작되었다. 이 과정에서 기술은 소비 경험을 확장하는 데 머물지 않고 더 깊은 정서적 연결과 창의적 참여를 가능하게 한다.

팬덤은 이제 문화 소비의 형태를 넘어, 정체성을 형성하고 세계관을 공유하는 새로운 사회적 구조로 자리 잡고 있다. 이 공간에서 우리는 단순한 정보 교환이 아닌 감정의 공명을 경험한다. 이것이야말로 디지털 시대가 우리에게 선사한 가장 의미 있는 선물일지도 모른다. 함께 바라보고 느끼고 창조하는 기쁨이라는.

이러한 팬덤의 진화는 앞으로도 계속될 것이다. 기술의 발전과 함께 콘텐츠 경험이 더욱 몰입적이고 상호 작용적으로 변화함에 따라 팬덤의 역할과 영향력은 더욱 커질 것이다. 중요한 점은 이러한 변화 속에서도 팬덤의 본질(콘텐츠를 매개로 한 인간적 연결과 공감의 확장)을 잃지 않는 것이다. 그래야만 팬덤이 단순한 문화 현상을 넘어 현대 소통의 핵심 패러다임으로 자리 잡을 수 있을 것이다.

디지털 시대, '감정 설계'가
소통을 지배한다

가장 진보된 기술도 인간의 따뜻한 마음을 대체할 수 없다. 진정한
소통의 혁명은 우리가 서로를 어떻게 느끼게 하는가에 달려 있다.
Even the most advanced technology cannot replace the warmth
of the human heart. The true revolution in communication
depends on how we make each other feel.

– 에스터 퍼렐Esther Perel

디지털 시대이기에 더욱 중요해진 것

에스터 퍼렐의 말은 디지털 시대를 살아가는 우리가 잊지
말아야 할 점을 시사한다. 기술이 아무리 고도화되어도 사람과
사람 사이에서 가장 큰 영향력은 결국 '감정'을 통해 발휘된다는
것이다. 디지털 시대엔 정보를 잘 전달하는 사람보다 감정을 잘
느끼게 하는 사람이 더 큰 영향력을 갖는다. 이는 신경 과학과
심리학 연구에서 반복적으로 확인되는 사실이다. 우리의 뇌는
논리적 정보보다 감정적 경험을 더 강하게, 더 오래 기억한다.

우리는 감정이 중심이 되는 세상, 전략의 언어가 되는 세상

을 살고 있다. 브랜드는 메시지를 전달하려고 애쓰지만, 사람들은 브랜드가 아니라 그 브랜드를 떠올릴 때 느끼는 감정을 기억한다. 최근 연구에 따르면, 고객 경험에서 감정적 연결이 강한 브랜드는 그렇지 않은 브랜드보다 평균 52% 더 높은 고객 충성도를 보인다고 한다. 구글, 넷플릭스, 에어비앤비가 성공할 수 있었던 이유는 기술보다 감정을 먼저 설계했기 때문이다. 플랫폼이 제공하는 기술적 기능이 아니라 그 안에서 느끼는 편안함, 기대감, 존중받는다는 감각이 사람들을 머물게 한다.

유튜브, 인스타그램, 틱톡은 우리의 감정을 정밀하게 분석하고 반영하는 '감정 기반 알고리즘' 위에 서 있다. 우리는 플랫폼이 제시하는 콘텐츠에 감정적으로 반응하고, 그 반응은 또 다른 추천으로 이어진다. 최근 연구들에 따르면, 사용자가 콘텐츠에 머무는 시간의 70% 이상은 그 콘텐츠가 불러일으키는 감정적 반응의 강도와 직접적인 연관이 있다고 한다. 이는 정보 가치보다 감정적 가치가 더 중요해졌음을 보여 주는 명백한 증거다.

'감정 설계자'로 살아간다는 것

디지털 시대의 소통은 더 이상 정보 전달의 문제가 아니다. 감정의 흐름을 읽고, 그것을 어떻게 조율하느냐의 문제다. 전통적인 커뮤니케이션 모델의 송신자와 수신자 구도는 이제 유효하지 않다. 감정을 설계하고 유도하는 자가 곧 소통의 주도권을 쥐게 된다.

　'감정 설계'는 조종을 위한 기술이 아니라 세상을 바라보는 태도이며, 타인을 대하는 방식이다. 감정 설계자는 늘 묻는다. '이 말이 그 사람에게 어떤 느낌으로 들릴까?', '지금 이 자리의 감정의 결은 어떤가?' 말을 하기 전, 상대의 마음속에 잠시 머물 줄 아는 사람은 진정한 소통을 할 수 있다.

　감정 설계는 추상적인 개념이 아니라 일상에서 실천할 수 있는 구체적인 방법론이다. 적극적 경청, 감정적 공간 존중, 진정성 있는 질문, 비언어적 소통 활용, 감정 명명하기와 같은 실천적 방법을 통해 우리는 일상에서 감정 설계자가 될 수 있다. 상대방의 말에 온전히 집중하고, 모든 사람의 감정적 리듬과 공간을 존중하며, 형식적인 질문보다 구체적이고 진정성 있는 질문을 던져야 한다. 또한 눈 맞춤, 미소, 고개 끄덕임과 같은 비언어적 신호를 통해 감정적 연결을 강화하고, 상대방의 감정을 알아차리고 이름을 붙여 주면 그들이 자신의 감정을 이해하고 처리하는 데 도움이 된다.

　직장에서도 가장 신뢰받는 리더는 탁월한 전략가가 아니라, "오늘 하루 어땠어요?"라고 진심으로 물어봐 주는 사람이 될 것이다. 디지털 시대의 진짜 리더는 말을 가장 잘하는 사람이 아니라, 감정을 가장 깊이 설계할 줄 아는 사람이다. 갤럽 조사에 따르면, 리더가 정기적으로 직원들의 감정 상태에 관심을 보일 때 직원 생산성은 평균 21% 증가하며, 이직률은 14% 감소한다고 한다.

교육 역시 감정 설계의 중요한 영역이다. 학생은 완벽한 설명보다 자신을 존중하는 교사의 태도에 감동받는다. 진심 어린 공감은 배움의 문을 여는 가장 강력한 열쇠다. 결국 동기 부여도, 관계 회복도 모두 감정을 어떻게 설계하느냐에 달려 있다.

진짜 감정은 인간만이 나눠 줄 수 있다

그런데 여기서 중요한 질문이 생긴다. 최근 감정 인식 AI와 챗봇은 놀라울 정도로 인간의 감정 표현을 모방할 수 있게 되었다. GPT-4와 같은 대화형 AI는 위로의 말을 건네고, 공감을 표현하며, 심지어 유머까지 구사한다. 이 AI에게서 우리가 느끼는 공감은 진짜일까? MIT의 기술 문화학자 셰리 터클Sherry Turkle은 『외로워지는 사람들Alone Together』(청림출판, 2012)에서 AI나 디지털 인터페이스와의 대화가 실제 감정 교류처럼 느껴질 수 있지만, 그것은 결국 '인공적 친밀감artificial intimacy'일 뿐이라고 말한다. 우리는 기계와의 대화에 익숙해지며 정작 사람과의 진짜 대화를 잃어 가고 있는 것이다. 기계는 감정을 흉내 낼 수 있지만 실제로 느낄 수는 없다. 알고리즘이 생성하는 반응은 공감이 아닌 패턴 인식과 계산일 뿐이다.

그러므로 우리가 반드시 기억해야 할 사실은 단 하나, 진짜 감정을 설계할 수 있는 존재는 인간뿐이라는 점이다. 감정은 데이터의 조합 속에서가 아니라 삶과 삶이 만나고, 이해와 배려가 오가는 과정에서 형성된다. 그렇기에 감정 설계는 인간다움을 지켜 내는 일이다.

감정 설계의 윤리적 측면도 중요하게 고려해야 한다. 감정 설계는 타인의 감정을 조작하거나 통제하기 위한 것이 아니라, 진정한 공감과 연결을 통해 서로의 감정을 존중하고 지원하는 과정이어야 한다. 감정 설계자는 타인의 감정을 자신의 이익이나 목적을 위해 이용하지 않고, 상대방의 감정적 웰빙을 진심으로 고려하는 사람이다.

우리는 누군가의 한숨에서 슬픔을 듣고, 말하지 않은 침묵에서 외로움을 느끼며, "괜찮아"라는 말 너머의 무게를 알아차린다. 그런 직관은 인간만이 지닌 감정적 민감성에서 비롯되고, 그것이 관계의 깊이를 만들어 낸다.

감정의 깊이는 곧 존중의 깊이이고, 그 깊이는 오직 인간다움으로만 도달할 수 있다. 우리는 더 빠르게 연결되고, 더 많은 말을 주고받지만 진짜 연결은 점점 사라지고 있다. 그래서 이 시대엔 감정을 읽고 느끼며 설계할 줄 아는 사람이 더욱 절실하다.

9장

나의 소통은
어디쯤 왔을까

소통은 '우리'라는 감각에서
출발한다

진정한 소통의 시작은 '나'와 '너'라는 이분법에서가 아니라, '우리'라는 공동체 의식을 깨닫는 순간부터다.

The true beginning of communication starts not from 'I' and 'you', but from the moment we realize the sense of 'we'.

– **라빈드라나트 타고르**Rabindranath Tagore

우리는…… 친구

소통이란 단순히 '나'와 '너'라는 개별적 존재의 교류가 아니다. 소통은 우리가 서로에게 어떤 의미를 가지며, 어떻게 연결될 수 있는지를 깨닫는 순간부터 진정한 가치를 지닌다. 두 개의 세계가 마주할 때, 서로 다른 경험과 가치관이 충돌하지 않고 하나의 공간을 공유하며 조화를 이루는 순간에 진정한 소통은 시작된다. 상대의 존재를 인정하고 이해하며 함께 새로운 의미를 만들어 가게 되는 것이다. 소통이 깊어질수록 우리는 서로에게 타자가 아닌 존재로 거듭난다.

태국 방콕의 짜뚜짝 시장, 미로처럼 얽힌 골목에서 길을 잃었을 때였다. 구글 지도에 의지했지만 신호가 약해 방향을 제대로 잡을 수 없었다. 어디로 가야 할지 고민하던 순간, 한 현지 여성이 다가왔다. 그녀는 영어를 거의 하지 못했고, 나 또한 태국어라고는 '컵쿤캅(감사합니다)'밖에 몰랐다. 그녀는 내 휴대폰 화면을 확인하더니 미소를 짓고 손짓으로 길을 안내했다. 5분 후 나는 목적지에 도착했다. 감사의 뜻으로 지갑을 꺼내자, 그녀는 손사래를 치며 말했다. 그런 뒤 서툰 영어로 덧붙였다. "We⋯⋯ friends(우리는⋯⋯ 친구)."

감동이 밀려왔다. 말도 문화도 배경도 다르지만, 그녀에게 나는 스쳐 지나가는 관광객이 아니라 같은 인간으로서 '우리'라는 감각 속에 있는 존재였다.

뉴질랜드 퀸스타운에서 마오리족 가이드를 만났을 때도 비슷한 경험을 했다. 투어가 시작되기 전, 그는 모든 참가자들에게 원을 만들어 서라고 한 뒤 자신의 이름과 고향을 말하게 했다. 이것을 마오리어로 '밋밋'이라고 부르는데, 이는 인사나 소개를 뜻하며, 이를 통해 사람들끼리 연결될 수 있다고 했다. "우리가 누구인지, 어디에서 왔는지를 알기 전까지는 진정한 여행이 시작될 수 없습니다. 우리는 함께 걷기 전에 먼저 하나가 되어야 합니다." 그의 말은 깊은 울림을 주었다.

'우리'를 '우리'로 느끼게 하는 몇 가지 방법

진정한 소통은 '나'와 '너'라는 분리된 개체를 '우리'라는 공동의 장에 참여시킴으로써 시작된다. 미국의 언어학자 마크 존슨Mark Johnson은 이를 '참여적 의미 생성participatory meaning-making'이라 정의했다. 의미는 개별적으로 존재하는 것이 아니라 함께 만들어지는 것이라는 뜻이다.

그렇다면 '우리'라는 감각을 어떻게 형성할 수 있을까?

첫째, 서로의 존재를 인정해야 한다.

말레이시아 코타키나발루에서 바다 유목민인 바조족 어부들과 함께 전통 배를 타고 바다로 나간 적이 있다. 처음에 그들은 나에게 말을 걸지 않았다. 그러나 내가 진심으로 그들의 삶과 문화를 배우려 하자, 노령의 어부가 이렇게 말했다. "당신은 우리를 구경거리가 아닌 사람으로 보는군요." 상대를 '대상'이 아니라 동등한 주체로 인정할 때, 비로소 진정한 소통이 시작된다.

둘째, 공동의 맥락을 찾아야 한다.

미국 몬터레이 해변의 한 작은 카페에서 어느 노부부와 같은 테이블에 앉게 된 적이 있다. 처음에는 어색한 침묵만 흘렀다. 그러다 내가 대학에 다닐 때 포토저널리즘 수업을 들으려고 구입했던 필름 카메라를 보고 노신사가 말을 걸었다. 그는 내셔널지오그래픽의 사진 작가였다고 했다. 두 시간의 대화 끝에 그는 이렇게 말했다. "오늘 점심 전까지 당신은 낯선 젊은이였지만, 지금 우리는 같은 바다를 사랑하는 동료가 되었네요."

셋째, 소통을 '대화'가 아닌 '관계'의 관점에서 바라봐야 한다.

호주 캔버라의 한 비즈니스 컨퍼런스에서 어느 원주민 기업가는 프레젠테이션을 하기 전 5분 동안 자신의 가족과 선조들에 대해 이야기했다. "우리 원주민들에게 '무엇을 말하는가'는 중요하지 않습니다. '누구와 말하는가'가 중요하지요." 관계가 형성되지 않는다면 그 어떤 대화도 의미를 가질 수 없다는 뜻이었다.

넷째, 공동의 경험으로 '우리'라는 감각을 강화해야 한다.

이러한 관계적 소통은 공동의 경험을 통해 더욱 강화된다. 인도 푸네에서 지역 대학생들과 벽화를 그리는 프로젝트에 참여했을 때, 처음에는 문화와 언어의 차이로 소통이 어려웠다. 그러나 함께 작업을 하며 우리는 말이 없어도 하나로 연결되었다. 심리학자 미하이 칙센트미하이Mihaly Csikszentmihalyi는 이를 '집단적 몰입 경험collective flow experience'이라 정의하며, 함께 무언가를 창조하는 과정에서 경험은 개인적 경계를 넘어 집단의 것으로 융합된다고 했다.

타자를 넘어서서 공감과 이해의 장으로

찰스 디킨스Charles Dickens는 그의 소설 『우리 모두의 친구Our Mutual Friend』에서 "우리는 같은 하늘 아래, 같은 세계 안에 살고 있으며, 같은 생명의 일부"라고 말했다. 이 말이 의미하는 바는 명확하다. 우리는 각기 다른 문화와 언어, 역사적 배경을 가지고 있지만, 결국 하나의 지구에서 함께 살아가는 존재들이다. 우리 가 서로를 낯선 타자로 인식하는 순간, 소통은 단절되고 벽이 생 긴다. 반대로 서로를 '우리'라는 감각 속에서 바라볼 때, 대화는 단순한 의견 교환을 넘어 깊은 공감과 이해의 장으로 확장된다.

언어가 다르고 사고방식이 다르고 경험이 다를지라도 우리 가 공유하는 감정과 가치, 삶의 본질이 다르지는 않다. 짜뚜짝 시장에서 만난 한 현지 여성의 짧은 말 한마디가 내 마음을 움직 인 이유도 여기에 있다. 우리는 모두 연결되어 있으며, 서로가 서로에게 의미 있는 존재가 될 수 있다는 깨달음이야말로 소통 의 핵심이다.

세계는 점점 더 복잡해지고 있으며, 국가와 인종, 이념의 차이는 소통을 가로막는 장벽이 되기도 한다. 하지만 역설적으로 이러한 시대일수록 '우리'라는 감각은 더 중요시되어야 한다. 공동체 의식을 기반으로 한 소통은 단순한 말의 교환을 넘어 더 나은 관계를 만들고, 더 나은 사회를 형성하며, 궁극적으로 더 나은 세상을 만들어 가는 원동력이 되기 때문이다.

소통은 기술이 아니다. 우리가 '우리'라는 감각을 품고 살아갈 때, 진정한 소통이 이루어진다. 그 대화 속에서 우리는 갈등을 넘어 이해로, 분열을 넘어 연대로 나아갈 수 있으며, 함께 더 나은 미래를 만들어 갈 힘을 찾게 되는 것이다.

소통은 함께 성장하는 과정이다

사람들과 나누는 대화는 거울과 같다. 그 속에서 우리는 상대를 만나고 동시에 우리 자신도 비춰 본다.

Conversations are mirrors in which we meet the other, and at the same time, catch a glimpse of ourselves.

– **위르겐 하버마스**Jürgen Habermas

어떻게 관계의 정원을 가꿀 것인가

우리는 살아가며 수많은 만남과 이별을 반복한다. 때로는 오래 기억될 좋은 인연으로 남기도 하고, 때로는 스쳐 지나간 바람처럼 잊히기도 한다. 하지만 우리의 인생에서 진짜 중요한 인연은 시간이 흘러도 여전히 곁에 머무는 관계들이다. 그리고 그 관계의 밑바탕에는 언제나 소통이라는 보이지 않는 힘이 작용하고 있다. 소통은 단순히 오해를 풀거나 정보를 주고받는 기술이 아니다. 서로가 서로의 세계를 조금씩 이해하며 함께 성장해 나가는 여정 그 자체다.

하버마스는 그의 의사소통 행위 이론에서 소통의 목적을 "합리적 이해와 상호 인정"이라고 표현했다. 그는 또한 소통을 "생활 세계의 재생산"이라 말했는데, 이는 다른 세계에 살던 사람들이 대화를 통해 새로운 공동의 세계를 만들어 가는 과정을 의미한다. 소통은 상대를 설득하거나 이기기 위한 도구가 아니다. 서로의 세계를 조율하고 이해를 쌓아 가는 공동 작업이다. 말을 잘하는 사람이 아니라 상대와 함께 관계의 정원을 가꾸는 사람이 진정으로 소통을 잘하는 사람인 이유다.

나는 이 '관계의 정원'이라는 비유가 소통의 본질을 정확하게 담고 있다고 생각한다. 드넓은 정원은 혼자 가꿀 수 없다. 각자가 흙을 만지고, 씨앗을 심고, 물을 주며 함께 가꿀 때 비로소 아름다운 정원이 탄생한다. 소통도 이와 같다. 한 사람의 노력만으로는 결코 완성될 수 없으며, 반드시 둘 이상이 함께 가꾸어야 한다. 그 과정에서 우리는 서로에게서 배우고, 다름을 인정하며, 함께 성장하게 된다.

스탠퍼드 대학교 심리학과의 캐롤 드웩 교수는 『마인드셋 Mindset』(스몰빅라이프, 2023)에서 성장형 마인드셋을 강조했다. 그녀는 인간관계에도 동일한 원리가 적용된다고 보았다. 완벽한 사람도, 완벽한 관계도 없다. 오히려 갈등과 오해, 실수를 통해 서로 배우고 함께 성장한다.

이 이론을 소통에 적용하면 '소통 고정 마인드셋'과 '소통 성장 마인드셋'을 구분하게 된다. 소통 고정 마인드셋을 가진 사람은 소통 능력을 타고난 것으로 여기고, 어려움을 만나면 쉽게 포기하거나 상대방을 탓한다. 반면 소통 성장 마인드셋을 가진 사람은 소통이 연습과 노력으로 발전할 수 있는 기술임을 믿고, 오해와 갈등을 새로운 배움의 기회로 삼는다. 소통을 통해 함께 성장하고자 하는 의지, 그것이 관계를 살아 있게 만든다.

소통은 함께 성장하는 과정이다

미국 조지아주 애틀랜타에서 참여했던 어느 커뮤니케이션 워크숍에서 나는 잊을 수 없는 부부를 만났다. 30년 넘게 함께해 온 그들은 수많은 위기를 겪었지만 여전히 서로에 대한 깊은 애정과 존중을 잃지 않고 있었다. 강사가 그들에게 물었다. "어떻게 그렇게 오래 함께할 수 있었나요?" 부부는 웃으며 대답했다. "우리는 싸움을 멈추지 않았어요. 대신 싸울 때마다 어떻게든 다시 이야기하려고 노력했죠. 우리가 자주 한 말이 있어요. '다시 얘기해 볼까?'"

이 부부의 경험은 소통의 본질을 잘 보여 준다. 완벽하거나 갈등이 없는 사이가 아니라, 언제든 다시 말할 수 있는 사이가 지속 가능한 관계다. "다시 얘기해 볼까?"라는 말은 관계가 끝나지 않았음을, 나는 너와 계속 이어 가고 싶음을 보여 주는 강력한 신호인 것이다.

진정한 소통은 한 번의 대화로 완성되지 않고 끊임없이 다시 시작하는 용기에서 비롯된다. '다시 얘기해 볼까?'라는 질문은 '우리는 아직 서로에게서 배울 것이 있다', '우리는 함께 더 나아질 수 있다'라는 믿음을 전제로 한다. 이것이야말로 소통을 통해 함께 성장하는 과정의 실천적 모습이다.

진정한 소통은 이미 알고 있는 것을 확인하는 과정이 아니다. 새로운 것을 발견하는 여정이다. 우리가 가장 가깝다고 생각하는 사람들조차도 완전히 알 수 없는 무한한 내면세계를 지니고 있다. 그들은 매일 새로운 경험과 생각을 하며 조금씩 변해 간다. 진정한 소통은 이러한 변화와 성장을 함께 발견하고 축하하는 과정이다. '너를 안다'는 착각에서 벗어나 '너를 계속 알아가고 싶다'는 겸손과 호기심이다.

때로는 오랜 친구와도, 가족과도, 연인과도 어긋날 수 있다. 그럴 때 우리가 "다시 말해 볼까?", "나는 너와 함께 성장하고 싶어"라고 말하는 용기를 낸다면 관계는 다시 숨을 쉬기 시작한다. 진정한 소통은 변화의 시작이다. 우리가 서로에게 진실된 말을 건네고, 서로의 이야기에 귀 기울이며, 함께 새로운 의미를 만들어 갈 때, 관계는 살아 숨 쉬며 우리를 더욱 풍요롭게 한다.

이제 우리는 분명히 알아야 한다. 소통은 함께 성장하는 과정이며 함께 더 넓은 세계로 나아가기 위한 여정임을. 그것이야말로 지속 가능한 관계가 우리에게 알려 주는 삶의 진실임을.

소통을 통해 함께 성장하는 과정은 단순한 개인적 만족을 넘어, 삶 전체의 질을 높이는 근본적인 방식이다. 진정으로 소통할 때 우리는 서로의 세계에 초대받고, 다양한 관점을 통해 세상을 바라보며, 시야와 이해의 폭을 넓힐 수 있다. 이를 통해 더 공감 능력이 풍부하고, 유연하며, 지혜로운 사람으로 성장한다.

이러한 깨달음이 삶의 모든 관계에 스며들 때 진정한 소통의 힘을 경험하게 될 것이다. 소통은 단순한 의사 전달의 도구가 아니라 함께 성장하고 변화하며 살아가는 인간의 본질적 존재 방식이다. 그 과정에서 더 넓은 세계로 나아가며, 더 풍요롭고 의미 있는 삶을 만들어 갈 수 있다. 이것이 바로 소통이 가르쳐 주는 가장 소중한 지혜다.

관계를 무너뜨릴 수도,
지킬 수도 있는 소통

내 생각에 말은 우리가 가진 가장 고갈되지 않는 마법의 원천이다.
Words are, in my not-so-humble opinion, our most inexhaustible source of magic.

- J.K. 롤링J.K. Rowling

양날의 검과 같은 존재, 소통

우리는 '말 한마디로 천 냥 빚을 갚는다'는 속담을 떠올리며 말의 긍정적 효과를 기대한다. 1972년 미국 아이오와주의 웨스트 브랜치 고등학교West Branch High School에서 있었던 실제 사례다. 마르샤 블레이크 선생님의 수업에 참여하던 짐 윌리스라는 내성적인 학생이 있었다. 말수가 적고 수업에도 소극적이었던 이 학생에게 어느 날 블레이크 선생님이 말을 건넸다. "나는 네가 수업 시간에 웃던 모습이 정말 좋았어. 네가 그런 웃음을 더 자주 보여 주면 좋겠어." 선생님이 건넨 이 짧은 말 한마디는 학생의 인생을 완전히 바꿔 버렸다. 10년이 지나 윌리스는 블레이크 선생님께 편지를 보내 왔다. "선생님의 그 한마디가 저를 바꿨어요. 그때 저는 아무도 저를 좋아하지 않는다고 생각했거든요." 이 사례는 교육 심리학자 로버트 피안타Robert Pianta의 「교사-학생 관계 연구」(1999)에 기록되었으며, 짧은 말 한마디가 한 사람의 자존감과 인생의 방향을 바꿔 버릴 수 있음을 보여 준다.

반면, 말 한마디가 쌓아 온 관계를 무너뜨릴 수도 있다. 언어는 양날의 검과 같은 존재다. 아무 의도 없이 던진 말이 상대에게 깊은 상처가 되어, 쉽게 회복할 수 없는 균열을 만들어 내는 일이 의외로 많기 때문이다. 데버라 태넌은 인간관계에서 발생하는 많은 갈등이 말의 내용보다 그 말이 전달하는 '상징적 의미'에서 비롯된다고 설명한다. "그게 뭐가 그렇게 어려워?"라는 말은 조언이었을지라도 상대에게는 "넌 그것도 못 해?"라는 모욕적인 뜻으로 다가올 수 있다. 같은 말이라도 전달되는 맥락, 말투, 관계의 역사에 따라 완전히 다른 의미로 해석된다.

특히 가까운 관계일수록 무심코 던진 말이 상대의 마음에 깊은 상처를 남기는 경우가 많다. 정신분석가 하인츠 코후트 Heinz Kohut는 이를 '미세한 상처'라 부르며, 우리가 무심코 던진 말들이 쌓여 결국 관계의 근간을 갉아먹는다고 지적한다. 하버드 대학교의 심리학자 대니얼 웨그너Daniel Wegner는 우리는 피하고 싶은 말일수록 더욱 자주 떠올리고, 결국 말로 내뱉게 된다고 분석했다. 예를 들어, '나는 절대 실수하면 안 돼'라고 다짐할수록 실수에 대한 두려움이 행동과 말에서 드러나 상대에게 불안을 전달하게 된다는 것이다.

　말은 단순한 정보 전달의 도구가 아니라 관계의 심층에 감정을 흘려보내는 통로다. 우리는 의식하지 못한 채 내면의 불안, 두려움, 분노를 상대에게 전달하고, 결국 관계의 역동성에 큰 영향을 미친다. 그렇기에 우리는 상대의 기대를 이해하고 존중하는 소통 방식을 반드시 익혀야 한다.

　관계를 지키는 소통의 핵심은 '상대의 해석'에 예민하게 반응하는 것이다. 감정의 주어를 '나'로 옮기는 표현 역시 도움이 된다. 사소한 칭찬, 감정 공감, 관심 표현은 관계를 지키는 예방주사와 같다. 관계에서 말이 가진 위험성을 피하는 가장 현실적인 방법은 바로 '예방'이다.

말이 가진 위험성을 피하는 방법

첫째, 반드시 의식적인 말하기를 해야 한다.

　내가 지금 무슨 말을 하고 있는지, 왜 이 말을 하는지, 상대에게 어떤 영향을 줄지를 점검하는 습관이 필요하다. 우리는 종종 생각 없이 말을 내뱉고 후회하고는 한다. 말의 영향력을 고려하는 시간을 잠깐 가지는 것만으로도 수많은 관계의 상처를 예방할 수 있다.

둘째, 감정의 거리 두기를 실천해야 한다.

독일 심리학자 프리츠 리만Fritz Riemann은 '불안과 성격' 연구에서, 감정이 격해진 상태에서 인간은 방어적이고 공격적인 언어를 사용한다고 지적한다. 즉, 말을 내뱉기 전에 감정을 가라앉히는 여유만으로도 관계를 무너뜨리는 표현을 줄일 수 있다. 감정이 고조되었을 때는 대화를 잠시 멈추거나 다른 방법을 사용해 감정을 조절하는 시간을 반드시 가져야 한다.

셋째, 회복 가능한 말하기를 익혀야 한다.

실수했더라도 "내가 너무 감정적이었던 것 같아", "그렇게 들렸을 수 있겠다, 미안해"라고 말할 수 있어야 한다. 진정성 있는 사과와 해명은 관계를 보호하는 가장 강력한 무기다. 실수나 오해는 누구나 할 수 있지만, 그것을 인정하고 회복하려는 노력의 유무가 관계의 질을 결정짓는다. 이러한 회복의 언어가 관계 안에서 자연스럽게 오갈 때, 오히려 갈등은 관계를 더 단단하게 만드는 기회가 되기도 한다.

관계는 마치 벽돌처럼 하나하나 쌓이는 말과 행동으로 이루어진다. 때로는 거친 말로 벽돌 하나가 빠지기도 하고, 따뜻한 말로 금이 간 벽을 메우기도 한다. 언어는 생각보다 훨씬 큰 힘을 지니고 있다. 매일의 소통은 건축 과정과 같아, 어떤 말을 선택하느냐에 따라 관계의 구조가 달라진다. 시간이 흐를수록 이 건축물은 더 견고해지거나 서서히 기울 것이다.

우리는 모두 다른 세계에 살기에 그 세계를 연결하는 언어의 힘은 무엇보다 중요하다. 말의 힘으로 관계를 지키고 회복할 수 있다. 소통은 관계의 숨결이며, 우리는 매 순간 말이라는 씨앗을 뿌리고 있다. 어떤 씨앗을 심을지는 언제나 우리의 선택에 달려 있다.

소통의 위기는 결국 관계의 위기이며, 소통의 회복은 관계의 회복이다. 그러므로 예방적 소통, 회복적 소통의 기술을 배우면 삶의 질을 높이는 핵심 역량이 올라간다. 우리는 말을 통해 서로의 세계를 확장하고, 함께 성장할 가능성을 열 수 있다. 소통이 단순한 의사 전달을 넘어, 관계의 심장으로 여겨져야 하는 이유다.

소통은 인생을 바꾼다

우리가 다른 사람과 맺는 모든 관계에서, 매 순간 우리 자신의 삶을
새롭게 써 내려간다.
In every relationship we form with others, at every moment,
we are rewriting our own lives.

– 셸던 B. 코프Sheldon B. Kopp

삶의 변곡점에서 마주치는 소통의 순간들

우리는 살아가면서 수많은 전환점 앞에 서게 된다. 그럴 때
짧은 위로의 말 한마디가, 밤을 지새운 깊은 대화가, 또 아무 말
없이 건네진 침묵이 삶을 뒤흔든다. 소통은 정보 전달의 도구만
이 아니다. 인생의 중요한 순간에 우리의 감정과 태도, 선택까지
변화시키는 커다란 힘이다.

캐럴 길리건Carol Gilligan 교수는 인간 발달의 결정적 순간들
이 늘 관계와 대화의 변곡점을 통해 이루어진다고 말한다. 그녀
는 청소년 상담 과정에서 삶의 방향성을 잃은 이들이 부모나 친

구와의 진솔한 대화를 통해 어떻게 방향을 되찾는지를 여러 번 목격했다. 이는 관계 속에서 연결된 진실한 대화가 삶의 흐름을 송두리째 바꿀 수 있음을 보여 준다.

한 직장인의 이야기를 들어 보자.

30대 중반의 김민수 씨는 갑작스러운 구조 조정으로 7년간 다니던 회사에서 일자리를 잃었다. 실업의 충격과 불안감에 그는 자신의 가치를 의심하며 깊은 좌절에 빠졌다. 그러던 어느 날, 오랜 멘토였던 선배와의 식사 자리에서 들은 한마디가 그의 인생을 바꿨다. "민수 씨, 당신은 지금까지 해온 일의 성과가 아니라 그 과정에서 보여 준 태도와 열정 때문에 가치 있는 사람이에요." 민수 씨는 그 대화를 통해 자신을 바라보는 새로운 관점을 얻었고, 이후 자신의 강점을 살려 창업의 길로 나아갔다.

이처럼 전환점에서 이루어지는 소통은 인생의 방향을 결정 짓는 숨겨진 나침반이며, 우리는 이 나침반을 보고 다시 걸음을 내디딘다. 인생의 중요한 결정은 복잡한 이론이나 명확한 정답이 아닌, 누군가와 나눈 깊은 대화와 연결 속에서 이루어지는 것이다.

대학원생 이지현 씨는 논문 작성이 잘 안 되어 깊은 좌절을 겪던 중 우연히 카페에서 만난 선배와의 대화를 통해 새로운 관점을 얻었다. "연구는 완벽해서 가치 있는 게 아니라, 누군가에게 도움이 될 수 있어서 가치 있는 거야." 이 짧은 조언으로 지현 씨는 연구의 의미를 재발견할 수 있었고, 몇 달 후 성공적으로 논문을 완성했다.

나쁜 대화에서 벗어나 진정한 대화로

'상호 교류 분석'으로 잘 알려진 정신과 의사 에릭 번Eric Berne
은 소통이 개인의 삶과 관계에 얼마나 큰 영향을 미치는지를 강
조했다. 그는 사람들이 종종 '나쁜 대화 스크립트'에 갇혀 잘못
된 삶의 패턴을 반복한다고 말한다. 예를 들어, 항상 자신을 희
생하며 타인의 인정을 구하는 사람은 대화에서도 자신의 욕구
를 표현하지 못하고 상대방의 요구에만 맞추려는 패턴을 보인
다. 그러나 번은 이 스크립트를 새롭게 써 내려갈 수 있다고 주
장했다. 실제로 그의 연구에서는 반복적으로 실패를 경험하던
내담자들이 상담을 통해 자신의 대화 습관과 스크립트를 인식
하고, 새로운 방식을 배우면서 삶의 방향을 근본적으로 바꾸는
사례가 다수 담겨 있다. 번은 "우리는 자주 사용하는 대화 패턴
안에 우리의 인생 이야기를 담고 있다"며 진정한 소통이란 바로
그 이야기를 다시 쓰는 힘이라고 주장했다.

매일 아침, 매일 밤, 또는 무심코 마주친 짧은 대화를 통해
우리는 인생의 방향을 바꿀 수 있다. 인생의 갈림길은 드라마와
는 달리 거창한 사건이 아닐 때가 많다. 오히려 소소한 일상 속
에서 우리 곁에 수없이 존재한다.

지금 이 순간에도 당신의 삶에는 전환점이 존재할 것이다. 누구와의 관계를 두고, 또는 삶의 방향을 두고 깊은 고민 앞에 서 있을지도 모른다. 이때 필요한 것은 말 잘하는 능력이 아니다. 당신의 진심이 담긴, 그리고 상대의 진심을 듣는 대화다.

진짜 소통은 관계를 바꾸고, 그 관계의 변화는 인생을 바꾼다. 소통이 단순한 기술이 아닌 삶의 본질적인 힘이 되는 이유다. 우리가 매 순간 나누는 말과 침묵, 그 모든 것이 모여 우리의 삶을 다시 써 내려간다. 진정한 소통의 힘을 깨닫는다면, 어떤 어려움 속에서도 서로를 통해 다시 일어서는 용기와 지혜를 얻게 될 것이다.

소통은 끝없는 배움의 과정이다

> 진정으로 교육받은 사람은 배우는 법과 변화하는 법을 터득한 사람이다.
>
> The only person who is educated is the one who has learned how to learn (…) and change.
>
> – 칼 로저스Carl Rogers

상대에 대한 끝없는 호기심, 소통

삶은 곧 관계고, 관계는 결국 소통으로 귀결된다. 대화를 그저 말 잘하고 귀 기울여 듣는 정도로만 여기는 경우가 많지만, 소통은 기술이 아니다. 소통은 평생 학습 과정이다. 자전거 타기처럼 한번 익히면 영원히 써먹을 수 있는 재주가 아니다. 이 배움을 멈추는 순간, 관계는 서서히 빛을 잃고 스러져 간다. 새로운 언어를 배울 때 단어와 문법을 외웠다고 언어에 능숙해지지는 않는 것과 같다. 소통 역시 시간이 지날수록, 그리고 살아가는 동안 끊임없이 변화하는 상황에서 끝까지 배우고 익혀야만 온전히 내 것이 된다. 관계는 살아 움직이고 숨 쉬는 존재다. 식물이 햇살과 물 없이는 결코 자랄 수 없는 것처럼, 관계 또한 꾸준한 소통이라는 양분 없이는 시들어 가기 마련이다. 특히 오랜 시간을 함께한 관계일수록 그 속도는 더욱 빠르다. 시간이 흐르면 우리는 자연스레 상대를 충분히 알고 있다고 착각하기 쉬운데, 이런 착각이야말로 관계를 정체시키고 멈춰 세우는 가장 큰 장애물이다.

오래 알고 지낸 사람일수록 익숙하고 편하다고 여기지만 실제로는 더 깊은 이해가 필요하다. 일상에서 반복되는 말들로 채워진 대화는 공허하다. 상대가 지금 무엇을 느끼는지, 어떤 이야기를 하고 싶어 하는지, 내 말이 어떤 울림과 파장을 주는지를 알아차리지 못하기 때문이다. 오랜 세월 속에서도 상대의 변화와 마음의 미묘한 결을 이해하고자 꾸준히 배우려는 사람만이 관계를 유지할 수 있다.

소통은 결코 완성되지 않는다

세상이 변하듯 사람 역시 끊임없이 변하기에 소통은 끝없는 배움이어야 한다. 한때 사랑했던 친구도 오랜만에 만나면 어색한 이유가 바로 이 때문이다. 환경이 바뀌면 생각과 감정의 결도 조금씩 달라진다. 우리의 정체성은 고정된 무언기가 아니라 시간이 흐르고 경험이 쌓이면서 부단히 재구성되는 유동적인 존재다. 그런데도 우리는 상대가 예전 그대로일 것이라 단정하며 대화하기 쉽다. 변화한 상대를 외면한 채, 기억 속 모습만을 붙잡고 소통하는 순간부터 관계의 틈이 벌어지고 균열이 시작된다.

멀어짐이란 갑자기 찾아오는 일이 아니라, 서로의 변화를 배우려 하지 않았던 결과다. 이 거리는 물리적인 거리가 아니라 심리적인 거리다. 아무리 가까운 자리에 있어도 마음이 멀어질 수 있으며, 반대로 멀리 떨어져 있어도 마음은 가까울 수 있다.

대학 시절 나는 학교 근처에 있는 북 카페에서 이러한 소통의 본질을 깊이 깨달았다. 그곳에서는 매주 수요일 저녁마다 크고 작은 독서 모임이 열렸다. 학교 친구들, 동네 주민, 교수님, 심지어 처음 보는 이들까지 모여 책을 읽고 이야기를 나누었다. 단순한 독서 모임 같지만 사실 그곳은 서로 다른 세계를 사는 사람들이 서로의 이야기를 배우고 이해하는 귀중한 소통의 장이었다. 그 모임에는 규칙이 없었다. 책을 읽고 느낀 점을 자유롭게 나누되 강제로 말을 시키지 않았다. 처음에는 어색하고 정적이 흘렀지만 어느새 한 사람이 조심스럽게 입을 열고 책에 대한 감상을 털어놓으면 또 다른 누군가가 공감하고 자신만의 이야기를 덧붙였다. 그렇게 말이 쌓여 가면서 책 이야기는 자연스레 삶의 이야기로 이어졌고, 서로를 통해 우리는 미처 보지 못했던 세상의 또 다른 면을 발견했다.

특히 인상 깊었던 것은 사람들이 말을 하기보다 상대의 말을 듣는 데 익숙했다는 점이다. 처음 보는 상대의 이야기를 묵묵히 들어 주는 태도에서 진정한 소통은 상대를 새롭게 배우려는 마음에서 비롯된다는 것을 깨달았다. 진정한 경청은 그저 조용히 있는 것이 아니라, 상대의 말에 온전히 집중하며 그 의미를 깊이 이해하려는 적극적인 행동임을 알게 되었다.

소통은 관계의 씨앗을 심고 정성껏 가꾸는 과정이다. 책이라는 매개를 통해서든 일상적이고 평범한 대화를 통해서든 디지털 공간에서든 우리는 상대의 변화와 감정을 읽고, 느끼고, 배우며 소통의 의미를 찾는다. 그 꾸준한 배움과 발견 속에서 관계는 점차 단단해지고 깊어지며, 서로를 연결하는 보이지 않는 다리가 생긴다.

완벽한 소통이란 애초에 존재하지 않는다. 그저 더 나은 소통을 위한 꾸준한 노력만이 있을 뿐이다. 진심으로 듣고, 조심스럽게 말하며, 상대의 변화에 귀 기울이는 사람만이 관계를 오래도록 지켜 낼 수 있다. 소통이 관계를 지속시키는 힘이라는 말은 단순한 미사여구가 아니다. 사랑도, 우정도, 신뢰와 존중도 모두 배움을 바탕으로 이루어진 소통 속에서만 비로소 깊게 뿌리내릴 수 있다.

우리가 남기는 말,
우리가 남기는 삶

사람은 누구나 살아가면서 수많은 만남과 이별을 경험한다. 시간이 흘러 외모나 지위는 희미해질지라도 그가 했던 말, 보여 준 태도와 행동은 오래도록 남는다. 이것이 사람의 흔적이 되고, 관계의 기억으로 이어진다. 이런 이유로 소통이란 순간을 채우는 말재주가 아니라, 상대의 마음속에 무언가를 남기는 과정이어야 한다.

우리는 말이 어떻게 마음이 되는지 살펴보았다. 여러 장에 걸쳐 소통의 다양한 측면들을 탐색한 후, 다시 원점으로 돌아왔다. 소통의 본질은 무엇인가? 그것은 우리가 서로의 삶에 남기는 흔적이다.

하루에 주고받는 수없이 많은 말과 행동 중에 단 하나의 말, 하나의 행동만이 오롯이 남아 평생 마음속에 자리 잡기도 한다. 이 작은 기억 하나가 누군가의 삶을 송두리째 바꿀 수도 있다는 점은 실로 놀라운 일이다. 소통을 하다 보면 1장에서 살펴본 것처럼 의도하지 않은 순간에 상처가 생겨나기도 하고, 2장에서 다룬 것처럼 감정의 방해를 받기도 한다. 하지만 3장에서 이야기한 진정한 경청을 통해 존재를 확인받기도 하고, 4장에서 본 것처럼 오히려 침묵이 말보다 더 큰 힘을 발휘하는 순간을 맞기도 한다.

우리가 일상에서 나누는 대화는 상대방의 내면 깊숙이 침투하여 세계관과 자아를 형성하는 데 영향을 미친다. 한마디의 진심 어린 칭찬이 누군가에게 평생의 자신감을 심어 줄 수 있고, 무심코 내뱉은 부정적인 한마디가 오랜 시간 상처로 남을 수 있다. 이러한 말의 힘은 우리가 5장에서 살펴본 '차이와 충돌'의 순간에도 분명하게 드러난다. 관계는 갈등과 화해를 반복하며 성장하고, 그 과정에서 우리가 어떤 말을 선택하느냐가 관계의 미래를 결정짓는다.

하버드 대학교의 심리학자 대니얼 길버트Daniel Gilbert는 저서 『행복에 걸려 비틀거리다Stumbling on Happiness』(김영사, 2006)에서 "사람들은 실제로 일어난 사건보다 그때 느낀 감정과 해석을 더 오래 기억한다"고 말한다. 우리는 누군가를 떠올릴 때 그가 남긴 정확한 말보다 그 말이 준 울림과 여운을 더 또렷하게 기억한다. 예를 들어 친구와 다투던 순간, "그래도 나는 네 편이야"라고 한마디 내뱉었다면, 친구는 그날의 언쟁보다 그 말이 지닌 따뜻함을 평생 기억하게 될 가능성이 크다. 이처럼 사소해 보이는 말 한마디가 때론 평생을 함께하는 울림이 된다는 점에서 매 순간의 말을 결코 가볍게 여겨선 안 된다.

6장에서는 '마음을 움직이는 말은 어떻게 작동하는가'를 탐구했다. 우리는 말의 표면적 의미 너머에 존재하는 의미가 얼마나 중요한지 배웠다. 어떤 말을 선택하는가도 중요하지만, 그 말을 어떤 맥락에서, 어떤 감정과 의도를 담아 전달하느냐가 더 중요함을 알게 됐을 것이다. 그래도 다행인 점은, 7장 '관계의 붕괴와 재건에 대하여'에서 본 것처럼 관계는 쉽게 무너지기도 하지만 진심 어린 소통을 통해 다시 쌓아 갈 수도 있다는 것이다.

8장에서는 현대 사회에서 변화하는 소통의 방식을 알아보았다. 디지털 시대의 새로운 언어들, MZ세대의 소통법, 밈과 팬덤 문화 등 언어와 소통의 형식은 끊임없이 변한다. 하지만 그 형식이 어떻든, 소통의 본질은 변하지 않는다. 그것은 바로 마음과 마음이 만나는 경험이다.

9장 '나의 소통은 어디쯤 왔을까'에서는 소통이 '우리'라는 감각에서 출발하며, 함께 성장하는 과정임을 배웠다. 소통은 끝없는 배움의 과정이며, 관계를 무너뜨릴 수도, 지킬 수도 있는 양날의 검과 같다.

삶의 끝자락에서 우리는 어떤 모습으로 남게 될 것인가? 능력이 탁월했던 사람, 말솜씨 좋은 사람으로 기억될 수도 있지만, 따뜻했던 사람, 진심으로 나를 이해해 준 사람, 함께했던 시간을 잊을 수 없는 사람으로 남을 수도 있다. 우리가 살아가며 남기는 말과 행동, 태도는 타인의 기억에 고스란히 새겨지며 관계의 흔적이 된다.

진정한 소통이란 단순히 눈앞의 갈등을 해결하거나 상황을 모면하는 기술이 아니다. 소통은 관계의 시간을 견디게 하고, 변화를 감당하게 하며, 인생의 여러 순간을 버티게 해주는 힘이다. 오래 알고 지낸 친구가 편안한 이유는 말이 많아서가 아니라 쌓아 온 신뢰가 존재하기 때문이다. 그래서 우리는 매 순간의 소통에서 내가 이 사람에게 어떤 기억으로 남을 것인가를 깊이 고민해야 한다. 말투 하나, 눈빛 하나, 대화 하나하나가 관계를 계속 이어 갈지를 결정한다. 우리는 매일의 대화를 통해 상대의 삶에 흔적을 남긴다. 사랑이든 우정이든 동료애든 모두 같다.

말은 지나가도 태도는 남는다. 그리고 그 태도가 바로 관계의 역사이자 인생의 흔적이다. 우리의 삶은 결국 수많은 관계의 집합체이며, 어떤 말과 태도로 서로에게 다가갔는지에 의해 결정된다. 인생의 마지막 순간에 남는 것은 성취나 재산이 아닌 타인의 마음속에 심어 놓은 작은 씨앗들이다. 그것이 바로 세상에 남기는 진정한 유산이며 우리의 존재가 기억되는 방식이다.

시인 라이너 마리아 릴케Rainer Maria Rilke는 "인간의 임무는 자신의 죽음을 준비하는 것"이라고 말했다. 이 말은 단순히 육체적 죽음을 넘어, 우리가 이 세상에 남길 흔적을 의식적으로 조각해 나가는 과정을 의미한다고도 볼 수 있다. 삶의 마지막 순간에 우리는 타인의 마음속에 남긴 울림으로 평가받을 것이다.

이 책의 여정에서 우리는 소통의 다양한 측면을 함께 살펴보았다. 상처에서 시작해 감정, 경청, 침묵, 갈등, 마음을 움직이는 말의 메커니즘, 관계의 붕괴와 재건, 그리고 변화하는 세계의 새로운 언어들까지. 이 모든 탐색의 끝에 도달한 결론은 다시 원점으로 돌아온다. 소통은 결국 마음과 마음의 만남이며, 우리가 서로에게 남기는 흔적이다.

오늘 우리가 나누는 이 순간의 대화도, 언젠가 누군가에게 삶의 나침반이 될 수 있음을 기억하며 매 순간의 소통에 진심을 담아야 할 것이다.우리는 말을 통해 서로의 마음을 만지고, 서로의 삶에 흔적을 남긴다. 그렇게 말로써 마음을 빚고, 마음으로써 삶을 남긴다.

우리가 남기는 말, 우리가 남기는 삶. 이것이 소통의 궁극적 의미다.

소통한다는 것

초판 1쇄 인쇄 2025년 9월 3일
초판 1쇄 발행 2025년 9월 10일

지은이 백선엽
발행인 박효상
편집장 김현
기획·편집 장경희, 오혜순, 이한경, 박지행
디자인 임정현
마케팅 이태호, 이전희
관리 김태옥

편집·진행 이한경
교정·교열 김정우
표지·본문 디자인 퍼머넌트 잉크

종이 월드페이퍼 **인쇄·제본** 예림인쇄·바인딩 | **출판등록** 제10-1835호
펴낸 곳 사람in | **주소** 04034 서울시 마포구 양화로11길 14-10(서교동) 3F
전화 02) 338-3555(代) **팩스** 02) 338-3545 | **E-mail** saramin@netsgo.com
Website www.saramin.com

책값은 뒤표지에 있습니다.
파본은 바꾸어 드립니다.

ISBN 979-11-7101-186-5 13190

우아한 지적만보, 기민한 실사구시 사람in